Matthias Buth

Gnus werden auf der Flucht geboren

Matthias Buth

Gnus
werden auf der Flucht geboren

Neue Gedichte

VERLAG
RALF LIEBE

Verlag Ralf Liebe, Weilerswist 2015

© Matthias Buth, 2015

Lektorat: Amir Shaheen, www.shaheentext.de

Herstellung: Rheinische Druck, Weilerswist

Verlag Ralf Liebe
Kölner Str. 58
53919 Weilerswist
Tel.: 0 22 54/33 47
Fax: 0 22 54/16 02
info@verlag-ralf-liebe.de
www.verlag-ralf-liebe.de

ISBN : 978-3-944566-36-8
20,- Euro

I
Trötentaumel

Kiosk

Das Tütchen Brausepulver

Waldmeistergrüne Wiese
Ausgestreut zwischen Zeigefinger und Daumen

Mit spitzer Zunge jäten in der Dünung
Von Kindheit und Lust

Noch einmal die kleinen Seile
Probieren ins Innere die

Die Engführung der Kehle
Weiten und mich fliegen lassen ins

Unermessliche

Trötentaumel

Noch immer halte ich
Die Blechdose
So groß wie meine Kinderhand
Auf der mit blauem Lack das Wort
E S S O
Magische Augen machte und mich auf
Die Münzen von Geburtstagen
Und Sonntagsgeld der Oma hinabsehen ließ
Das einlösbare Schätze versprach
Die nur mir gehörten und mich wegzaubern wollten

Mit der Nagelfeile den Einwurfschlitz
Weiten das Blech biegen damit sie in die Hände fallen
Eine Mark und Fünf Mark
Mittäter die in der Hosentasche mir zuschweigen
Wieder meine Hand halten

Dann in den Nachmittag hinaus
Aus dem Garten wo das rote Dreirad unterm
Gebüsch geduldig parkte
Die Kaiser-Wilhelm-Allee hinauf bis zur Annenstraße
Und zu den Trötenbuden entlang des Zaunes am Zoo
Dorthin wo sich alles drehte blitzte klang und kugelte
Wo alle Reichtümer an Fäden hingen
Wo aller Zauber gelang und wo
Die Mama immer vorbeiging immer rief
Komm weiter

Sieben Tröten Pfeifen und Windmühlen
Für mein E S S O-Geld
Und alle waren mein

Die Schritte flogen sonnenbefunkelt über die
Annenstraße entlang der Sonntagsparker
Und anderer Welten

Als mein Name gerufen wurde
Von den Schwestern
Den Kundschafterinnen der Eltern

Noch immer verstecke ich an einem Hinterreifen
Die verbotenen Schätze
Höre meinen Namen wie ein Urteil
Halte mich fest an der Badewanne
Als es vollstreckt wurde

Als es noch Bleistifte gab

Drehte ich langsam im metallnen Spitzer
Um zu sehen wie die Holzhaut
In leichten Flocken abfiel und
Die Kohle sie färbte:
Ein Knäuel das
Nach Erdinnerm duftete

Dann das weiße Blatt schraffieren
Auf einer Münze bis
Die kniende Pflanzerin der 50 Pfennig
Ihre Umrisse preisgab

So ließ ich's über Nacht
Als Landeplatz für Engel

So höre ich

1
Nicht wegwerfen
Alles Geschriebene ist Vergangenes
Bin ich

2
Da warst Du noch im Himmel
Sagte meine Mutter
Also gab es mich schon
Bevor es mich gab
Und Dich

3
Gestern die Sterne im Winter
Skalenbeleuchtung des Radios
Es bleibt analog
Erfasst vom Antennenkranz
Meiner Wimpern
So höre ich

Muttermal

Und dann wollte sie
Mich nicht mehr
Hing sich an das Fluchtwort
Des Vaters
Mit dem er Distanz schaffen wollte zu sich
Und den anderen

Er hatte sie eingemauert
Mit Worten und Schweigen
Erst im Tod setzte sie ihm
Ein Standbild veilchenblau
Es steht auf dem Flügel
Mit dem er sich immer davon machte

Ich solle nun gehen
Hinaus aus dem Moll der Erinnerung
Hinaus aus der Not der Nächte
Um das Ebenbild des Toten
Nicht mehr zu sehen
Um endlich erlöst zu werden
Vom Blick zurück

Und so kapitulierte sie
Ohne Flieder im Arm
Ohne Mai und Nähe

Eine zweite Geburt
Die mich ins Leben warf
Freisetzung
Ohne Nabelschnur

Seitdem beginnt etwas
Außer mir in mir

Der Tod wächst heran und
Verbindet bald die zerbrochene Brücke
Den zärtlichen Ort
Ich hier
Sie dort

Krippenspiel

Wie offen könnte es sein
Wie umarmend und beginnend
Wenn nicht schon

Im ersten Blick zur Mutter
Im Hin und Her der Lungen
Das Schattengeflecht
Des Kreuzes mitatmete

Messdiener

Meerstern ich dich grüße
O Maria hilf

Eine Zeile Maiandacht die mich
Immer noch singt nachdem
Der schmerzensreiche Rosenkranz die bunten Fenster
Von Sankt Remigius hinauf und hindurchgebetet war

Von Trümmerwitwen schwarzen Omas und
Kommunionkindern
Auf den linken Bänken und rechten Männern
Froh
Dass der Beichtstuhl ohne Licht

Meerstern
Ein Bild das mich sah in einer Melodie
Die liebkoste und flehte

Im Weihrauchschwenken kam das Morgenland
In den hohen Raum der sich füllte bis er niederkam
Und jedem
Einen Stern vom Himmel über dem Altar
Ins Gesangbuch legte

Flüchtig

Und dann flüchtig fast
Wie ein Streifschuss
Das Daumenkreuz auf die Stirn
Halb bedeckt von der Hand
Überm Augenbogen

Eine Landnahme
Besitzzeichen der Freude
Götterfunke der beschützen soll

Heilige Unschuld
Vor dem Schlaf vor dem Abschied
Dem Wort das entlässt

Klagetier

Eselgrau
Steht das Klavier im Raum
Angeseilt an den Nachmittag

Drückt sich an die Wand
Drängt in die Tapete als wollte es
Aufgehen in Muster und Mörtel

Mit allen Saiten
Schräg gestellt ineinander
Von kupferdicken Bässen bis zum zimbelfeinen Es

Lauscht es nach ungespielten Abschieden
Marionettenstumm
Und mit Sträflingsblick

Der die Toten einlädt und
Auch den Vater dass er noch einmal
Die Bahre verlasse

Die ihn leicht gemacht hatte
Mozart
Spielte durch ihn hindurch

Zeichensetzung

Für Theresa am 19. Oktober 2012

Dieser Punkt
Sagt die Tochter
Dieser Punkt auf dem Ultraschallfoto
Ist das Herz
150 Mal schlägt es in der Minute

Mit ihm schreiben wir uns alle neu
Buchstabieren uns zurück in die Winzigkeit
Die Sinn gibt
In diesem unhörbaren Ton
Hält Gott
Den Atem an

Und Dich

Pablo

Acht Wochen Leben
Tragen den Enkel erst

Und doch ist er
Immer schon da gewesen

Die Arglosigkeit die er in sein Schlafen
Verschließt

Lädt ein
Uns hineinzuwünschen

Ins rosenzarte Schaukeln
Von ein und aus hin und her

Angelehnt an den Rücken der
Kein Vertrauen braucht weil

Begriffe ihn nicht behüten
Sondern die Zeit

Vor den Worten
Im Niemandsland Pablo

Anstrich

Wieder und wieder streiche ich
Die Hauswand

Sie soll weiß werden
Und das Verwittern der Wände übertünchen
Damit die Mittage uns wieder
Den Tisch decken können
Mit gleißendem Licht
Und es zurückwerfen in die steigende Hitze

Die Leiter ist noch angestellt
Aluminiummattes Fragezeichen
Das ich rasch wieder besteige
Denn dann bin ich sicher
Und der Wand näher

Die Birken werfen gelbe Mails
In den Eimer

Täglich

Nein
Nicht mehr nicht jetzt noch
Wo alles ausgereift ist
Die Bilanzen gezogen
Die Raten bezahlt
Der Spendenausweis ausgestellt für
Organe Geld und Glauben
Die Bänke sind angelehnt
An der Hauswand vor Witterung geschützt
Die Fenster geben den Rosenstöcken
Rückblick in Schwarzweiß
Das kleine Bergwerk
Das bleibt

Und täglich arbeitet

8 Uhr 32

Geduld ist ein türkisstummes Auge
Zeitnehmerin und Zeitgeberin zugleich
Fernglas das mich beobachtet
Mit dem Fadenkreuz eisiger Optik
Der Morgen schärft sein Messer
An den Häuserzeilen
Ausgewohnte Wunden
Manche bleiben unter Tage

Zustellung

Der Briefkastendeckel scheppert
Der Mittag beginnt
Soll ich gehen um nachzuschauen
Keine Nachrichten sind gute Nachrichten
Bescheiden die Nachschlagewerke
Jeder Brief nagelt mich
Der ausgebliebene noch tiefer
Der Schlitz beobachtet mich
Wie ich vorbeigehe ignoriere
Als hätten wir uns nichts zu sagen

Es muss etwas angekommen sein

Der Brief

Noch einmal den täglichen Mails
Zuvorgekommen
Ist an der Kaffeefahne gelandet
Die den Morgen hisst

Ungeöffnet ist er ein Mehr an Nachricht
Fast noch im Anflug
Der
Wenn er wieder durchstarten wollte
Mich mitnähme

So aber liegt er vor mir
Ein halber Engel

Für einen Rundflug
Um den Tisch

Lebenslänglich

Deine Worte sterben nicht
Haben immer Geduld
Wissen wohin warum und
Halten warm
Wie Katzen auf dem Schoß
Die mit der Zunge
Die Innenhand aufrauen

Nichts lassen sie zurück

Gleise

Nicht nur einmal
Gleichzeitig
Auf allen Gleisen auf unendlichen Parallelen
Die sich später aber
Noch nicht jetzt berühren werden

Die Liebesschlösser an der Deutzer Brücke
Blinzeln stromaufwärts und zittern
Wenn die ICE einlaufen oder
Hinüber wollen ans andere Ende
Der Ankunft
Sie halten das Leben im Stahl

Mit dreifach geschwungener Geometrie nimmt
Der Dom den Abend unter seine Fittiche
Erst der ausgegraute Morgen wird
Die Frühzüge der Pendler
Wieder aufs Gleis setzen

Elefanten-Siebengebirge

Die Autobahn vor Bonn fährt in sie hinein
Aber sie ziehen weiter

Graue Rücken die über ihr Land gebieten
Nichts kann sie trennen

Der eine weiß vom anderen
Ihre Ohren fachen den Wind an

Der dem Rhein Wellen gibt
Und den Ufern ein Lächeln

Wenn der Morgen die Flamingosonne
Über die Kennedybrücke rollt

Blicken sie nicht auf
Sich und einander gewiss

In den Rückspiegeln bleiben sie lange und
Füllen den Fond über die Armaturen hinweg

Heimfahrt

Jetzt steht der Sommer hoch
Die Gräser applaudieren am Straßenrand
Wenn der Wagen
Wind in sie hineinfährt

Voller Ähren warten sie mit Lampions die
In die Abendsonne blinzeln
Wie Katzenaugen

Jetzt sind die Abschiede ausgeflogene Bienen
Die Felder Sterntalerhemdchen die
Alles auffangen wollen was
Als Sterne aus den Birken stäubt

Die Mücken können es nicht lassen
Lufttänze aufzuführen die nicht enden
Nur so machen sie sich verständlich

Der Flughafen von Köln-Bonn meldet sich
Mit dem Rundblitz für Landungen
Vielleicht

Während das Siebengebirge zurückgelassene Wolken
Nach Hause treidelt als Kopfkissen zur Nacht
Der Himmel ist aufgeräumt

Der Balkon

Jetzt überlassen sich die Straßen
Dem Asphalt denn der Verkehr erliegt
Jetzt werden auch die Fenster müde
Und warten nicht länger

Das ist die ersehnte Zeit für ihn
Er löst sich aus der Verankerung
Aus Streben und Eisen und
Nimmt dem Geländer den kurzen Horizont

Gleitet hinab an Mauern
Fugen Mörtel Wänden und Wohnungen
Um endlich den Fluss zu erreichen
Das schweigende Gegenüber im Blickfeld

Das den Morgen versilbert an die Schiffe
Und sich von Nacht entführen lässt
Mit schwarzen Mänteln
Um am Folgetag wieder aufzutauchen

Jetzt keine Alibis mehr jetzt ans Ufer
Und hinaus aufs Wasser das trägt
Die Brüstung pflügt schon die Wellen
Das Meer beginnt hier im Nomadenlicht

Rhein

Und wenn sich jedes Ich zerlegt
In digitale Wüsten die uns bald
Ununterscheidbar machen

Der Rhein wird niemals digital
Er bleibt Gegenwart und sanftes Wort
Ein Land das fließt und nicht endet
Endlosschleife aus allen Sprachen

Die Kiesel wissen es
Mit rundgeschliffenen Augen
Wärmen sie Wellen wenn die
Sonne die Fähren hin- und herschiebt
Von Mund zu Mund

Hier endet jedes Exil
Das Fremde geht hinüber ins Eigene
Und schwingt ein in die Motorenbässe der
Schubverbände
Die Beethoven-Orchester in Bergfahrt
Sie streichen grundlos mit festem Bogen

Die Weinberge beginnen hier
Sie halten Ausschau nach Burgen
Wenn sie ihr Haar kämmen
In den Flug der Flussmöwen
Die vom Meer gekommen sind und bleiben

Flüsse

Auch er lässt sich nicht vertreiben
Der Rhein ist wie alle Flüsse

Sie haben Fassungen die bleiben
Und wehren die nassen Tode ab
Die mit dem Regen kommen
Dem grauen Gleichmacher und Verschwender

So gehen sie dahin
Die Wasserlinien
Ohne Anfang und Ende
Vorbeifließende Hindurchfließende

Die Brücken lassen passieren da sie
Bleiben wollen
Sie übersetzen ihre Freude

Das Endlosband der Wellen kommt näher
Wenn der Himmel die Nacht einschweigt
Und sich an nichts mehr erinnern will

Graurheindorf

Der Rhein bekommt kein Licht von unten
Die Schubverbände tief eingekniet ins Wasser
Vibrieren das Schilf mit Motoren

Am Heck wird's heller
Als könnten die Schrauben zu Tage fördern
Was auf dem Grund liegt

Wenn der Regen einsetzt
Mit Messern an grauen Schnüren
Vertauschen sich oben und unten

Drachenfels

Von hier bleiben die Motoren stumm
Die an Nonnenwerth vorbei

Stärker sein wollen
Als der Strom

Das Zittern der Bordwände nimmt nur der Wind auf
Und gibt es weiter an die Flagge am Heck

Von hier sind die Vulkane der Eifel
Nahe Nachbarn

Die Kribben verlangsamen die Sätze
Bis sie sich zurücknehmen ins Grün

Der Alte Friedhof in Bonn

Auch der Schirm schwieg und dunkelte
Die Schritte noch fester
Der Regen stenographierte die Gräber hinab
Zu den Verschütteten die gegen jede Vernunft
Nach oben lauschten
Und auf neuen Atem hofften

Nur Robert Schumann wacht
Und tröstet mit *Gesängen der Frühe*
Auf weißem Stein
Die Davidsbündler lassen ihn nicht allein
Sie proben die *Dichterliebe*
Denn bald ist Mai

Er stirbt nicht und erfindet immer wieder
Papillons die uns mitnehmen
Zu unverhofften Nähen
Unentzifferbar ist die Spur
Ihres taumelnden Tanzes

Sternenklar

Die Nacht leitet den Rhein um
Gleich nachdem die Uhr den Tag aufgibt
Und die Minuten lautlos werden und kalt

Dann verzweigen sich die geduldigen Wellen
In die blinkenden Seen über uns
Gefüllt sind sie mit Unruhe:
Stilllegung der Blicke

Das Flussbett wandelt sich in ein Wadi
Geröll gibt den Grund frei
Gedemütigt sind die zurückgelassenen Wasserlachen
Die den Himmel spiegeln müssen

Aber sie wissen zuerst wenn der Rhein wiederkommt
Am Morgen mit sternenschnellem Licht
Die Brücken fassen es nicht
Wenn sie nicht mehr allein sind

Remagen

Die Brücke von Remagen will immer noch
Das Wasser überqueren
Das linke Portal eine Katze
Sie blieb und
Wartet auf die Gelegenheit

Wenn Abend die Wellen füllt und ebnet
Mit weichem Mantel
Um sie mit den Ufern zu verbinden
Traut sie sich hinüber und
Schnurrt mit den Schubschiffen

Handwarm fließt der Rhein

Sankt Goar

Frühlingsneugierig entdecken die Wellen
Wieder die Kiesel am Ufer
Wie verloren gegangene Juwelen
Die endlich aufgetaucht sind endlich nah

Der Strom will einem Zitronenfalter
Dem taumelnden Matrosen der Lüfte
Überflugsrechte geben
Und zögert und wartet und weiß nicht wie

Mit ausgelassenen Lippen landen derweil
Die glitzernden Wellen Wasser an
Und sehen bis auf den Grund
Hier ist es möglich

Schlepper

Ein Diesel kräuselt den weißen Morgen
Der noch an der Donau schlummert

In Obernzell wo sie sich windet wie
In aussichtsreichen Träumen

An Deinem Nacken ährenblonde Wirbel
Die den Motor beruhigen

Wir hören das Vorübergleiten und sehen
Hinter den Jalousien silberbeschlafene

Wellen die der Bug auswirft
Kaum eine erreicht das Ufer

Abfahrt

Nicht warten nichts erwarten
Was kommen könnte was noch bliebe
Die Navigationsrouten stimmen nicht
Die Angaben wann das Ziel erreicht ist
Verblassen schon lange verschütten
Straßen und Wege durch Adern und Blicke

Immer schneller dreht sich der Motor mit
Panikdiesel gefüllt bis zum Rand
Auf der Überholspur sind die Hände
200 Kilometer schnell und unbeweglich
Die Augen schneiden die Leitplanke
Nur Schuberts Impromptus atmen noch

Aus den Boxen an den Türen
Wo der Fahrtwind mitfährt
Als der Regen die Scheiben orchestriert
Bewegen die Wischer doppelarmig
Klavier und Geschwindigkeit
Der Wagen duckt sich unter den Brücken

Reiseplanung nach Kaisborsel

Für Günter Kunert

Am Kanal will ich übernachten
Der die Meere verbindet zwischen Nord und Ost
Spiegelgleich geht das Wasser dahin
An seinen Enden zwei Schleusen
Gegen die Gezeiten und Windstau

Es steht und bewegt sich doch
Durch Marsch und Geest
Wenn die Schiffe sich begegnen
Dippen sie die Flaggen

Vom Kanal gehen die Winde über Land
Streichen über die Stirn der Dämme und Büsche
Die halb gebückt schon auf die Knie wollen
Wiesen blättern ihr Grün dem Himmel auf

Katenflach duckt er sich
Löscht noch nicht das Licht
Denn er erwartet Gäste

Salzig der Ton vom Turm
Er hört den Anfang von
Bachs *Musikalischem Opfer*

Der Kanal erfindet langsame Sätze
Für Fähren und Brücken
Die Lippen die das Wasser schließt

Die Fensterläden funken
Wenn das Hotel ablegt
Wie jeden Abend
Ohne zu wissen in welcher See
Es ankommen und ins Offene muss

Im Griff

Nur einen Zeiger hat die
Turmuhr des Münsters in Freiburg

Die Stunden reichen und überlassen
Die Zwischenräume dem Spiel

Für die Bratwurststände auf dem Pflaster
Die den Mittag anzeigen zwischen Kinderwagen
Omas und Springbrunnen

Und für die Nachziehflotten
Die durch die Bächle driften
Stromab und stromauf

Auf dem Wasser der Kinder
Den mutigen Steuerleuten
Die Dreisam im Griff

Lennep

Die 19-Uhr-Glocken der evangelischen Stadtkirche
Gebieten weiter über Lennep
Das geblieben ist
Als Elberfeld dahinging

Die Dächer der Altstadt
Verschiefern weiter die Heimat
Die durch die Straßen geht
Wenn die Motoren zur Ruhe kommen

Der Zweiklang des Zwiebelturms
Flutet Gassen und Gespräche
Das Fachwerkweiß verschwindet
Im Ernst der Balken

Wie schwarze Psalmen
Knien die Häuser
Als ließe sich der Luftangriff
Des schweren Geläuts

Noch einmal abwenden
Mit geschlossenen Augen
Das Röntgen-Gymnasium zieht sich
Efeu über Fenster und Mauern

Um unauffindbar zu bleiben
Wie wir

Kanzleramt

Vor dem Kanzleramt Wasserzeilen
Die den Boden besprechen
Ohne Rand und Becken

Zwischen sie geraten
Knöchelhoch
Springen sie plötzlich auf
Und applaudieren ins Blau

Auf den Platten schlägt's
Hart auf
Die Toteninsel wird blass

Gegenüber

Nach Herrenchiemsee
Nach Versailles und nach Sanssouci
In die Säle die sich spiegeln
Die ausgeschlagen sind mit Unendlichkeiten
Die glänzen und auch am Abend nicht ermatten

Dort stelle ich mich in den Brennpunkt
Des Lichts das gibt und vergibt
Wandelt und wandert
Hin- und herwirft
Verdoppelt vervielfacht

Bis ich unscheinbar werde
Immer kleiner
Fast verschwindend
Zwischen *Sans* und *Soucis*
Über dem Garten der sich herablässt
In die Wasserspiele

Potsdam

Noch immer gibt es keine Antwort
Warum Friedrich der Zweite
Ein Komma setzten ließ zwischen
Sans und *Soucis*

So bleibt der Wunsch auf der Stirne
Des fliedergelben Schlosses gelähmt
Ein Fangschuss

Humpelnd gehen wir zum Grab
Des Königs neben seinen Hunden
Den Windspielen die zu ihm hielten

Zwei Kartoffeln auf der Steinplatte
Doppelpunkte die es besser wissen wollen
Die Weinbergterrassen widersprechen nicht

Stauende

Endlich versteppt das Tempo
Der sechste Gang hält es nicht mehr
Der dritte schon der zweite
Erst rechts die Elefantenrücken der Lkw
Sich aneinander ineinander schiebend
Ohne sich zu berühren
Und jetzt die Überholspur
Bremslichtdreiecke flammen
In die Windschutzscheibe und
Verglühen auf Insektenkratern
Bis zum Stillstand der Reifen
Auf dem Asphalt der ein Fluss ist
Ohne Quelle und Mündung
Die Scheiben rechts weisen ab
Dann kommt ein Arm
Eine müde Fahne die Ausschau hält
Die digitale Ruhe der Armaturen
Die mich ausgezählt hat auf Null
Hält an
Keine Fragen ans Handy
Keine Ausweichmöglichkeit mehr
Vor Holledau
Ein Schmetterling aus den nahen Hopfenzeilen
Verweilt atemlos
Auf meinem Scheibenwischer

Widerstand

Im Hambacher Forst
Im Wald der alle Oktaven kennt
Die Fichten und Eichen orchestrieren

Grub er sich ein
Sechs Meter tief in einer Höhle
Um die Bagger aufzuhalten

Die kommen werden um die Braunkohle zu holen
Er wollte bleiben im Boden von Wald und Wind
Den Füchsen nah und den Liedern

Mit zwei Bohrungen kam die Polizei
Zu ihm nach unten
Um seinen Platz im Innern zu heben

Ihn auszuräumen
Den Kommandostand seines Ichs
Geheimzentrale unserer verschwiegenen Worte

Allen überlegen die kommen
Er bleibt auch wenn er weg ist
Wälder liegen tiefer als Kohle

Abklingbecken

Es lebt immer noch
Kommt nicht zur Ruhe
Radiolyse kann
Wasserstoff und Sauerstoff spalten
Ständig wird unterm Dach die Luft abgesaugt
Um Explosionen zu vermeiden

Mit Zerfallswärme von 100 Grad
Kommen die Brennstäbe
Aus dem Reaktor
Das Wasser soll kühlen und Moderator sein
Ohne Neutronenabsorber schaffen sie es nicht
Erst wenn Nachzerfallswärme weiter abgenommen hat
Können sie transportiert werden
Dann werden sie umgelagert

In Hoffnung auf das Endlager

Glück gehabt

Die Bombe aus 262 Fliegernächten in Köln die
Nun doch noch entschärft wurde

Der Code der die Köpfe entschlüsselte
Auf der verschlossenen Seite in uns

Die Barrikade die mit Angstfässern
Den Frost in Kiew überwintern wollte

Das Tränengas das die Befehle verweigerte
Und das Weinen in den Granaten ließ

Die Schatten die aufspringen zu den Zweigen im März
Um sich endlich herablassen zu können

Rapunzelstill

Cornelius

Was wollen die Menschen nur von mir?
Ich bin doch etwas ganz Stilles
Und mehr als die Bilder habe ich nichts geliebt
In meinem Leben
Cornelius Gurlitt

Dies Bildnis ist bezaubernd schön
Lässt uns Mozart singen
Und er ist Mozart
Wie wir

Und wollen nicht den inneren Gesang hören
Der nahen Brüder und Schwestern
Die aufgegangen sind in Rauch
Und immer noch auf uns herabklagen
In anmutigen Tönen im Rausch des Weines
Der uns benachbart und die Stimmen auf die Membrane
Der Erinnerung legt

Eine Heimat
Ohne Haus ohne Worte
Nur Bilder sprechen
Sprechen für uns
Aus uns und in uns weiter
Deutschland ist ein Winter ohne Märchen

Distanzen

Diese Augen haben Moskau gesehen
Sagte mir ein schmächtiger Beamter
1970 bei der Musterung im Kreiswehrersatzamt
In Wuppertal-Elberfeld in der Nähe
Vom Güterbahnhof Steinweg wo Züge abgingen
Nach Litzmannstadt
Mit Stahlriegeln verschlossene braune Waggons

Ich erfuhr nicht welche Entfernungen
Mir noch bevorstanden
Nach dem Tod des Vaters wurden sie
Unüberbrückbar

6. Armee

Wo sie lagen
War der Winter am tiefsten
Dorthin orgelten die Geschütze zuerst

Stalingrad
Ist auch ein rumänischer Name
Ein Bruderwort

Das eingenäht ist
In den Manteltaschen
Der Toten die weiterleben

Die sich nicht ausweisen lassen
Sie passieren die Sperren
Die Archive die weiße Sprache

Wenn in Berlin
Ein Akkordeon aus Bukarest
Walachei ausbreitet mit silbrigen Synkopen

Ziehen graue Kolonnen
Nach Deutschland
Nach Rumänien

Sterbeworte
Die nach Europa
Klingen und klagen

Nachtflug

Beim Landeanflug auf Köln adern
Lavarote Münder das Profil unter uns

Mohnweich verschwimmen
Abgrund und Feuer

Die Kartographie der Ankunft
Öffnet Poren und Blüten

Mit roter Tinte schreibt mich die
Kontrolllampe in Kopfhöhe

Zu Boden noch bevor
Die Luft verbraucht ist

II
Lackieren

Licht

Komm
Wir werfen den Wolken Landschaften zu
Die sich immer neue Länder suchen
Immer tiefere Flüsse und Meere
Die nicht stehen bleiben sondern verwandeln

Je trauriger sie fließen und zerfließen
Desto schöner werden sie

Und so und nur so
Nehmen sie uns mit

Komm
Die Vögel zünden den Morgen an
Er wärmt durch das Auslassen
Der Worte
Sie sind *droben im Licht*

Amseln

Schnee zeichnet das Gefieder der Amseln
Weiße Wimpern die Höhe versprechen
Vorm Hause sind die Pfützen Ruhezonen

Noch verteidigen sie nicht den Abend
Von First zu First
Aber sie kennen schon die Partituren
Des Frühlings

Den Gesang der flugleicht
In den taumelnden Noten
Den Schnabel sucht
Gelb leuchtend schon jetzt

Alpensegler

Sieben Monate bleiben sie
In der Luft
Aufgespannt von September bis März

Auf Wolkenwegen die in der Schweiz beginnen
Bis zu Regenwäldern Tansanias
Die geöffneten Schwingen lauschen am Wind

So strömen sie dreitausend Kilometer
Durch Nacht und Tag
Wenn die Flügelschläge ermatten
Schieben Sterne die Federn zusammen

Und sie überlassen sich dem Schlaf
Der sie weiterzieht orientiert vom Autopiloten
Ankunft

In der Luft

Wenn der Falke schüttelt
Hält er die Wolken an

Die flüchtigen Erdteile
Über uns

Gebietet über Wind und Wärme und
Hebt die Hoheitsrechte der Bewegungen auf

Sich selbst genug spielen
Seine Federn mit den Entfernungen
Unter ihm

Sein Blick ist seine Sehne
Der Schnabel ein Pfeil
Ohne Warnung

Schwalben

Aus Kerbella Samarra und Bagdad
Kommen wir
Den Sand der Wüsten bringen wir mit
Es atmet in unserem
Gefieder das alle Wolken durchquert

Wir hörten die Saite der Rababa
Von Beduinen mit Fell bespannt
Um den Schildkrötenpanzer in dem Meer schläft
Gehalten von den Knien:
Der Bogen des Alten flog hin und her
Tausend Töne klagten

Wie wir
Wenn wir unser Nest nicht finden
Die Nacht
Im Gebälk der Scheunen und Häuser
Einen Wimpernschlag vom See entfernt
Dem wartenden Auge

Schwalbennah

Sie ziehen Rechtecke ins Wasser
Denn sie kennen die Geometrie der Schatten
Ihr Flügelschlag ist schneller
Fünfmal in der Sekunde
So entkommen sie allen Verfolgern
Der Lüfte und Lichter

Ihr Winter ist Afrika
Die Sahara bestickt ihr Gefieder
Jedes Jahr bringen sie es zurück
Und nisten es mit leisem schwatzendem Zwitschern
Unter der Dachtraufe

Die Kolonien des Verweilens sind
Lehmkügelchen die sie
Verschnäbeln im warmen Duft der
Sparren und Balken
Der nahe See
Ein sanfter Mund
Hilft mit

Mit dem Braun ihrer Augen
Fiedern sie die Speicherplätze
Der Flugträume aus

Wenn die Bettellaute der Nestlinge
Die Nacht silbern ins Dach sticheln
Glitzern die Sekunden

Schwalbenleicht

Sie verschwalben die Gesichter
Verzwitschern verwunden und verheißen
Versprechen verschwenden
Heben alle Enteignungen auf

Verwünschen verzweifeln leise
Und verwandeln
Den Regen zu unzähligen Seen die
Die Hortensien besiedeln

Verlieren verfallen verlassen vergessen
Und bewahren was in den Brombeeren wartet

Vollgesogen von Sommer
Der zwischen zwei Fingern die Hand führt

Fledermäuse

Zwischen zwei Baumwolken
Schon eingeschläfert von Nacht
Die noch auf dem Weg ist
Schießen Fledermäuse hin und her
Schwarze Schriftzeichen
Als wollten sie die Sterne
Zusammennähen die mich erkennen

Eichhörnchen

Erst war es Deine Hand
Dann ein brauner Schatten
Der anhielt sicherte und hinaufschoss
Im Drahtverhau der Winterbäume

Der Schweif zeichnete
Die Fenster neu
Knopfschwarz seine Augen
Sie sahen alles in sich hinein

So entgeht es jeder Verhaftung
Schneller als die Verfolger
Immer auf dem Sprung
Vor dem Sprung

Katzen

Sie sprechen mit den Ohren
Sie weinen mit dem Hören
Sie legen ihre Empfangsschüsseln
In den Wind vom Mittag
In die Sätze die sie nicht verstehen
Sie antworten auf nicht gestellte Fragen
Sie halten ihre Tränen zurück weil sie wissen
Dass nichts kommt nichts anfängt
Wenn sie die Augen trüben
Sie halten sich an die Ohren
Die Bewegungsmelder der Gefühle
Der Erstarrung und der todesrunden Blicke
Die alles aufnehmen und speichern
Wie ungespielte Musik

Muschelfund

Noch öffnen wir sie nicht
Hoffen aber
Sie hätte eine Perle ausgeblüht
In nachtwarmem Silber
Das zu den Kirschblüten will

Einen Tropfen Stern
Der die Entfernungen nimmt
Und die täglichen Tode

Noch halten die Seiten zusammen
Nur Wasser lassen sie passieren
Um das Wasser zu filtern mit Wellen
Die ihr nahe sein dürfen

Wenn die Sonne den Abend eggt und
Die Schlepper in Bergfahrt beruhigt
Liegt sie leichter in der Hand
Als wollte sie bitten

Lasst sie mir
Dann rufe ich meine Schwestern
Aus allen Gestirnen zwischen Venus und Hermes
Und setze Positionslichter
In Worte und Warten

Singen

Das Tauwetter löst die weißen Fesseln
Die der Frost
Der Spitzenklöppler der Nächte

In Rüschen und Bändern mit durchsichtigem Atem
Über Büsche und Bäume
Geworfen hatte

Die Bäche sind wieder Troubadoure
Die in allen Sprachen
Singen und sehnen in blauen Arpeggien

An Biegungen und Wehren
Werfen sie weiße Gedichte
In den März der die Fassung verliert

Vorfrühling

Pfauenauge
Der Schmetterling der endlich
Die Beete öffnet
Mit Flügeln die nach der Landung im Blau
Nicht zur Ruhe kommen und
Weiteratmen mit Ungeduld
Auf zu auf zu auf
Beglückt im Neufundland

Immer wieder kommt er zurück
Zum Erdnahen das ihn
Navigiert und beträumt
Mit Vertrauen
Das aus den Blumen spricht
Und den Blick erwidert

Früh

Frühling ist ein Wintermantel
Dem zu warm wird und Knospen
Den Passantinnen zuwirft
Sie blicken nicht zurück
Lassen aber ein Lufttuch fallen
Spatzen werden Primadonnen
Und wollen wie sie schweben
Und lieben wenn sie nicht lieben

Die ersten Klarinetten sind gepflanzt
Und blühen gelbmoll an den Häuserwänden
Manchmal klagen sie tief
Wie nach einem Stich
Und vergessen ihr Ebenholz
Taxis sehen kurzsichtig herüber

April

April öffnet
Öffnet die Straßen
Der Asphalt schmiegt sich an die Sonne
Und erinnert sich an das Seilhüpfen der Kinder
Die Fenster lassen sich wieder ein auf Wind und Zug
In die Küchen fliegt eine Tasse Jasmintee

April ein grausamer Monat nur für die Toten
Denn sie hören die samtenen Bässe der Hummeln nicht
Sehen nicht das Auffalten der Pfauenaugen
Über Tulpen und Wiesen
Die Neubesiedlung der Welt mit Nähe

April ist ein Wörterbuch in allen Blumensprachen
Jede Seite übersetzt und findet Sätze die mitnehmen

April sammelt nicht er lässt nur hindurch
Die Wolken werfen Landkarten ab zur Orientierung

Im April

Nur im April will man sterben
Denn das ist der Monat der selber stirbt
Der Morgen will den Abend verderben
Weil er uns das Erwachen würgt

Mitten im Satz bricht die Stimme weg
Wie ein Ast der nichts mehr trägt
Wir übergeben die Verluste dem Zweck
Der uns den Boden fegt

Nur der April weiß wohin er sich wendet
Die Winde wecken nicht mehr
Denn die Hoffnung sie endet
In Noahs paarweisem Meer

Alexander Adrion
(1923-2013)

April
Diese kühle Lichtzauberin
Sie weiß alles aber verbirgt noch
Die Wunder des Sommers
Die Heiterkeit der Düfte und Nähen
Die Kammerspiele des Scheins

In eine Rose verwandeln
Was in der Hand kein Seidentuch mehr sein will
Juwelen stäuben aus dem Fenster
Das die Sonne zersplittert und wieder zusammenlegt
Ohne zu ermüden

April
Die sanfte Seelenverkäuferin die vom Mai spricht
Ihm alle Namen gibt mit Scheherazadeworten
Im Theaterraum des Mundes
Werden alle Täuschungen wahr und
Unvernunft zum Spiel das auffliegen lässt

Noch

Noch ist Frühling
Die Vögel wissen es und singen um fünf
Der Sonne die Dämmerung von den Augen
Sie beginnen auf den Firsten der Dächer
Die amselschwarz auf die Zwiesprachen warten

Das Ohr sieht schon über die Gärten
Bis zu den Straßen die auch warten
Der Zeitungsbote verzaubert alle Nachrichten
Mit dem Auf- und Einatmen der gefiederten Seelen
Noch singen sie
Bis die Zweige schwingen und schweigen

Sonnenwende

Nur noch wenige Tage
Dann ist Sommerbeginn
Der Kalender blättert auch digital
Und weiß dass der Faltenwurf
Der Sonne ein Stern ist
Mit eigenen Koordinaten
Erste Blätter krümmen sich schon
Noch ist es die Hitze die ihnen zusetzt
Nicht die Sirenen die lautlos klingen
Wenn sie die Republik der Trauben ausrufen

Nur noch eine Handbreit bleibt
Bis wir mit dem Nachdichten beginnen
Bis uns aus dem vergangenen ein neuer Text
Zusammenwebt

Lackieren

Schwarz das Geländer streichen
Den Handlauf der Treppe hinauf und herab
Der Pinsel liebkost die Tropfen zu einer Fläche
Die glänzt und duftet

Und nimmt den Sommer hinein
Den Dreiecksflug der Schwalben
Die lippenvollen Hortensien
Und auch den Tango der Mücken

So bleibt das Eisen warm und weich
Die Borsten streichen ein und aus in
Ein Endwort das nicht schmerzt
Das verfüllt und innen und außen ausgleicht

Wenn dann der Regen kommt
Hängt er all seine Perlen
Auf die neue Farbe
Die Lautschrift des Wartens

Juligewitter

Der Himmel spannt
Seinen Gitarrenkörper über die Dächer
Sie spielen miteinander ineinander
Ohne sich zu berühren

Bis sie aufs gelbe Holz
Pauken und drohen

Immer schnellere
Geschütze
Die auf uns zuhalten

Wir
In ihrem Fadenkreuz
Ducken uns schon

Werden wir sicher sein
Sind die Fenster geschlossen

Werden die Wolken uns
Wiedererkennen

Gewitter

Nichts ist zärtlicher als Regen
Der sich schräg stellt

Zu Dir

Der Deine Schritte öffnet
Zum Lauf übers Wasser

Die Schuhe eine Pizzikato-Polka
Im schnellen Takt

Deine Waden zwei Rettungsboote
Die Straße hinauf

Sie verdoppeln die Eile

Die Dämmerung des Regens Komplize
Schiebt die Pützen zusammen

Deine schirmabgewandte Schulter
Wäscht den Sommer aus

Du lässt es nun zu
Und lehnst Dich an den Regen

Wie an einen Arm
Der Dich stützt

Sommer

Im Wasser des Wörthersees
Spüren wir den Regen nicht
Die Einschläge neben dem Gesicht
Sind die Minen des Himmels
Sie können uns nichts
Denn wir sind Wellen
Die schneller sind weicher und warm
Wenn die Forellen
Die silbengeschuppten Taucher
Nach uns suchen
Haben wir uns bereits erlöst
Auf
Und davon

Hochsommer

Mit Sätzen den Abend schminken
Die Augen sind wandernde Inseln
Türkisernst und immer im Anflug
Die Lippen Landmarken für Ballonfahrer
Und die Wangen fasanenrouge
Wissen dass der Wein sie weiterträgt

Sonnenbad

Kurz nach Mittag
Die Müdigkeit hatte den Liegestuhl
Schon festgenommen
Sanken zwei Zikaden auf Deine Bluse und
Sangen mit allen Gliedern bis kein Stoff
Mehr zu sehen war
Erst dann schliefen sie auch
Und die Sonne schliff ihre Strahlen unbemerkt
Bis in den Abend

Weich

August ein See
Der nicht zum Ende kommt
Auch an seinen Rändern nicht
Wenn er sie zeichnet
Noch weidend im Blau

Morgennebel schwärzt die Autobahnen
Reifengischt am Heck
Schlägt auf die Scheiben

Wolken
Landlose Landschaften die die Augen besiedeln
Bringen Sicherheit in höhere Regionen

In Tomis schrieb sich Ovid ins Exil
An der Mündung der Donau
Trank er Himmel
Aus August

Höhe

Das Hitzeblau im späten August
Verneint noch einmal den Abschied

Den Sommer der sich wäscht
Reisegewiss

Das Segelflugzeug zeichnet mit weiten Armen
Auf Zuruf der Wolken

Nun zählen die eigenen Ewigkeiten
Bis zum Boden

Und die Winde die alle Zärtlichkeiten bekommen
Um Höhe zu halten bis zum Abend

Altweibersommer

Im dritten Stock
Wo das Dach seine Schwingen ausbreitet
Ist Station Sankt Anna
Dort gleiten Laute durch den Flur
Alle Türen sind offen
Damit keiner überhört wird und niemand ausbleibt

Ihre Augen sind schon nach innen gerichtet
Flehen nur noch wenn sie sehen
Dass jemand gekommen ist

Nanasommer
Frauensommer
Witwensommer
Allerheiligensommer
Fliegender Sommer

Alle gesammelt im Wort
Altweibersommer

Junge Baldachinspinnen segeln
An Betten und Leinen
Fluren und Fenster vorbei

Auf der Stirnseite ein Satz aufgemalt
Der still vor sich hin liebt
Tagein tagaus und
Mich ausatmet

Ich bin weil Du bist

Er spinnt die Rufe aus den weißen Zimmern weiter
Und verwebt sie ins Fliegen und Wehen
Ins Gehen das die Hände öffnet
Wenn schon alle Worte vergangen sind

Ausgleich

September
Die Wunde die sich nicht mehr schließen lässt

Noch einschusswarm
Die Gräser waren stille Minarette

Als die Schwalben kamen am Nachmittag
Und ihre Flugspiele ins Auge zackten

September
Vom See nimmt er eine Decke

Schneelicht aus leichtem Silber
Schon beschlagen mit Wolken

Badesee

Ins Grün des Teiches zu springen
Trauen wir uns nicht
Fürchten die Haut aus Algen und Laub
Die uns verwandelt

Sieh auf meine Hand
Sagt sie
Es ist glasklar

Es sind nur die Wände und der Grund
Von dort winden die Algen
Ihre Farbe nach oben

So muss niemand fürchten
Verwandelt aufzutauchen
Die Quelle küsst das Wasser von innen
So lebt es weiter

Seestück

Nachts kommen die Alpen an den See
Mit langen Schatten und weichem Schnee
Sie nippen am Wasser und halten am Hafen
Um an der Masten Wanten zu harfen
Dann streichen sie leise und cellowarm
Über das Wasser das aus den Bächen kam
Wenn ein Käuzchen das Dunkel bestickt
Hören die Alpen wie der See erschrickt

Über See

Bleib ungeduldig
Wie Ruderblätter

Paarweise werfen sie Strudel hinter sich
Um eine Straße zu positionieren

Die doch verschwimmt
Auch wenn die Ruder schneller

Immer wieder tropfnass zurückgeholt werden
Im doppelten Gleichmaß

Der Bootskörper kämmt Wellen aus
(Sie kommen nicht weit)

Und summt einen Kammerton
Über den See

Die Ungeduld der Zähigkeit Schwester
Hält Ton und Fahrt

Hinüber

Wir gingen über Berlins Weißensee
Über den See
Die Stilllegung der Seelen

Hinüber zu den nahen Schatten
Die wachen über
Zahlen und Namen

Die Bäume spielen mit ihnen
Seit Jahr und Tag
Sie hören ihnen zu

Efeu betet den Boden immergrün
Eine Brücke zwischen hier und dort
Die nicht aufgibt

Wie alles was Atem hat

Nachsommer

Die Bahnstrecke geht summend
Auf und ab
Entlang der geschnittenen Felder
Die ausduften bis zu den Rändern

Stündlich kommen rote Waggons
Schüchterne Passanten
Die den Nachmittag zusammenweben wollen

Im Restaurant dösen Orangen neben Wasserflaschen
Der Springbrunnen spricht mit den Steinen
Sie verstehen ihn silbenfein

Die Gleise leuchten blank
Bleiben und treffen sich nicht

Retten

Endlich platzen die Wolken
Kommt der Regen nieder
Unbekümmert und mit langen Strähnen
Überwindet er Straßen und Wege
Alle Entfernungen tropfen in die Hand
Ein Orchester das aufspielt
Als könnte es retten

Du dirigierst

Entgegen

Wenn die unausgesprochenen Sätze
Fohlen sind die im Schlaf der Wiese liegen
Während die Sonne den Morgen vor sich her schiebt

Und sie plötzlich aufspringen
Um hinaus zu galoppieren zu dem
Der in den Träumen weidet

Schließe das schlanke Gatter
Mit dem Regen den ich Dir schicke
Und halt ihm die Hand entgegen

Fünf Finger die sprechen
Und Verbindung suchen
Zum dampfenden Gras

Noch ist es fellwarm
In den Umrissen die der Schlaf
Um Flanken und Läufe legte

Lesen

Gegen Abend ist mit Niederschlägen
Zu rechnen
Ab 800 Metern mit Schnee

Der Himmel wirft weiße Augen herab
Nur so gewinnt er Übersicht

Der Morgen wird eine Zeitung sein
Jede Seite leer und offen

Für Spurenleser

Die Niederschläge nehmen zu

Die Talsperren können das Wasser
Nicht mehr halten
Warnen die Nachrichten

Die Halbkreise der Mauern aus Beton und Eisen
Stemmen sich weiter entgegen
Aber müssen passieren lassen

Die Dammkronen kämmen weiße Schleier
In den Abgrund
Der weiter verteilt an Bäche und Flüsse

Komm
Wir kommen dem Crescendo zuvor
Wir wissen alles vom Wasser

Hochwasser

Ach, wie lange wird der Regen
Noch durch die Straßen gehen
Wie lange noch durch die Wälder
Und über die Berge
Um alles zu sammeln was fließen kann
Was zu Tale geht und weht
Die Bäche verlieren den Gleichmut
Die Flüsse wissen nichts mehr von Ufern
Brücken und Schiffen
Werden zu Seen die alles mitnehmen
Was sich ihnen in den Weg stellt
Ach, wie lange noch geht der Himmel
Zu Fuß durch die Wiesen und Dächer
Die Pegel messen nichts mehr sie sind ertrunken
Gott ist ein Orgelspieler
Aus den Pfeifen stürzen Wasser und Weh
Das graue Gewitter kennt keine Lippen
Keine Wonnen mehr die Lungen füllen sich
Mit Worten die ohne Fassung sind

Komm wir geben dem Himmel eine Heimat

Orkan

Er wird die Ufer streifen
Er wird über die Ufer gehen
Er wird die Ufer schleifen

Die Schiffe finden keine Ufer
Die Schiffe sind ihm ausgesetzt
Die Schiffe ohne Tau und Anker

Die Flut öffnet die Deiche
Die Flut springt ins Land
Die Flut sammelt die Straßen

Der Schnee trifft ins Auge
Der Schnee schweigt uns an
Der Schnee nimmt die Spuren

Die Suchkommandos schnüren die Stiefel
Die Seenotboote rammen aneinander
Die Rettungsinseln stranden schon

Vor der Tür

Kein Urknall
Kein Laut kein Auseinanderfliegen der Atomkerne
Von allem das Gegenteil

Ein lichter Perlenvorhang aus Nebel und Tau
Hat sich über die Wolke Blüten gelegt
Aufgespannt schon seit Tagen in dem Augenblick
Als wir aufgaben
Und nicht gesagt werden konnte
Was sich ohnehin dem Erfassen entzieht

Die japanischen Kirschblüten
Werden immer wieder kommen
Werden mich überleben
Werden nicht nach Worten suchen
Sie sind immer da wie der Tod
Der weiß dass wir nicht sterben
Vor zehn Milliarden Jahren begann
Das Leben
Das Sonnensystem mit seinen Planeten badete schon
Im Licht der Sterne

Hier endet es und beginnt täglich
Ein Stillleben das Leben stillt

Schon jetzt

Die Hölle das sind die anderen

Beschied Sartre
Ein Ablenkungsmanöver auf den ersten Blick
Denn er wusste dass Projektionen enden
Und dann umso mehr vernichten:
Uns

Die Schönheit das sind die anderen

Das ist die japanische Kirsche vor dem Fenster
Die jetzt schon
Schon vor dem Frühling weiß
Wie schön sie sein wird
Wenn aus den Knospen rosaweiße Wolken aufsteigen

Wenn die Gespräche verstummen und die Passanten ihr
Ihre Augen geben
Damit sie auch auffliegen auch sie sehen wie die Blüten
Die keine Früchte tragen
Die eins sind mit der Schönheit weniger Tage

Alle Dialektik löst sich auf
Wenn in den Zweigen eine Amsel landet
Bei den Knospen
Voll von Zeit

Nachts schlafen die Hortensien nicht

Nachts schlafen die Hortensien nicht
Sie gehen durch die Gärten sammeln Düfte
Und suchen nach zurückgelassenen Flügeln
Der Schmetterlinge
Der Pfauenaugen und der Zitronenfalter
Der Bienen sanfte Schwestern

Nachts gehen die Hortensien
Entlang der Ufer der Seen
Um zu hören wie sich die Wellen stillen
Die das Land umkehren und die Kiesel
Streicheln bis sie auslaufen ins Tiefere

Der Morgen ist eine Hortensie
In taublanker Schönheit
Sie glitzert rot über sich hinaus
Und verrät nichts von ihrem Feuerwerk
Das von Jahr zu Jahr größer wird
Sichtbares Schweigen das mitnimmt
Wie Wolken die ziehen und doch bleiben

Brombeeren

Jetzt sind sie schwarz und glänzen aus allen Poren
Der Nachmittag legt noch einmal einen Satz Wind unter
Blätter und Dornen die sich hier ausschweigen
Bis zur nutzlosen Interpunktion der Mücken

Mit zwei Fingern melke ich die
Erwartungsvollen Glöckchen
Die sich sogleich einschreiben in die Kuppen
Und unter die Nägel der Finger
So führen sie die Hand auch am Abend und länger

Zweige

Sie starren mich nicht mehr an

Sind aber noch nicht weich
Mozart noch fern

Und doch will der erste Märzregen
Ihnen die Entblößung nehmen
Die Angst ausgesetzt zu sein

Jetzt ist es so weit und ein grünes Lächeln
Wirft Netze über Sträucher und Bäume

Sie lassen es zu
Sind sie doch sicher
Dass auch die Tropfen sich mit den Knospen
Verbinden möchten

Den Hieroglyphen vor uns

Waldszene

Auf den Höhen vor Bonn
Hält sich immer noch Wald
Er nimmt die Geräusche vom Tal

Nur ein Bach hat freien Lauf
Vor sich hinschwätzend
Und Fragen beantwortend von Fall zu Fall
Mit weißen Sätzen

Vom Alten Friedhof schickt Robert Schumann
Einen Propheten hinauf
Wir hören ihm
Zweignah zu

Immer wieder
Bis sein Revier ausgesungen ist
Und sein Hoheitsraum gesichert
Sein Lied ritzt alle Rinden

Maar

Vergessen ist das Auge des Zauberers
Seit Jahrhunderten liegt es da
Seine Pupille braun überzogen von Resten
Der Tiere Pflanzen Wald und Rausch
Hier spiegeln sich keine Himmel
Die Gespräche werden leise und vergehen ganz

In Schlackenkegeln kam Basalt und
Erstarrt und erstarrt immer noch langsam
Die Sonnen herauf und hinunter
Lavasäulen am Rande halten nichts
Kein Wind spielt über die Fläche
Tuff: ein Wort das lange ausgeatmet hat

Vulkanisch

Spring nicht
Spring nicht vom Rand des Kraters
Von den Säulen von Lava und Leiden
Ins Maar
Dort ist die Erde verwundet
Das Magma noch nah
Und der Boden nicht fest
Der Regen der sich gesammelt hat
Wird weiter ziehen
Er hat hier nur eine Wohnung
Zur Zwischenmiete auf Abruf auf Zeit

Bleib
Sieh wie das Blau ausfährt
Der Passierschein der Wolken
Sie händigen ihn Dir schon aus

Kastanien

Jetzt ist wieder die Zeit der Kastanien
Sie blinzeln auf den Gehwegen
Frisch zerplatzt und liebesscheu wie nach einem Kuss
Wie nach innen gekehrt
Die noch in der gepanzerten Schale liegen
Nehme ich auf
Die grünen Stacheln sind zarte Antennen
Ich bette sie zwischen die Lebenslinien der Hand
So bleibt sie offen
Erst im Haus nahe der Heizung springen auch sie
Endlich ins Licht und in Wärme die mich meint
Die braune Haut gleitet über die Fingerkuppen
Als wären sie Landeplätze für letzte Bienen
Die sich verflogen haben

III

Tansania Tangenten

Tansania Tangenten

1

An Gate 8 wo sich das Warten sammelt
Die *Connecting Flights* über den Köpfen
Eine Herde kauernder Kopftuchgesichter
Am Boden
Angst summt aus den Blicken
Die abwehren wollen was zu nahe käme

Aus dem Gnugrau flattern zwei Tücher heraus
In Flamingorosa
Das die Augen der anderen zurückholen

2

Dreamliner fliegen dorthin
Wo die Träume
Schon immer sind
Immer schneller und weiter als der Flug

Die Äthiopische Gesellschaft setzt den
Namen *Lucy* auf die Außenhaut
Weil das Skelett des ersten Menschen
Diesen Namen bekam:
Immer ist es eine Frau
Die beginnen lässt

Der Äquator eine Taille
Die nicht loslässt

3

Der Müdigkeit nachgeben
So wie die Maisfelder die
Die Sonne in ihr Sterben einschließt
Und wegschwemmt mit Dunkelheit
Kaum dass das rote Verlöschen vergangen ist

Im gemessenen Schritt. Streng. Wie ein Kondukt
Gustav Mahlers fünfte Symphonie
Ist schwarzes Afrika in cis-Moll
Eindunkelungsmusik die Wunden öffnet

4

Der Mond küsst die Felder
Die Sterne applaudieren
Mit Lichtfontänen

Und das Kreuz des Südens
Ach lieber Südwind
Wird sichtbar singbar

5

In Perlenformation schwimmen die Flamingos
Durchs salzige Wasser
Die Schnäbel untergetaucht
Geöffnet
Um aufzunehmen was der Strom der Bewegung
Ihnen zutreibt

6
Mit langen Netzen ziehen die Giraffen
Den Savannenwald ins bleiche Gras der Steppe

7
Zebras
Streichen aus streichen ein
Immer aufs Neue
Leerzeilen
Notenlinien

8
Eine Riechspur
Beweist

Elefanten

An den Bäumen gebrochene Äste
Und Gras das wieder hört

9
Kalte Nässe schleiert herab
Im Regenwald
Hoheitsgebiet von Grün und Grauen
Und Schönheit die mit sich selber spricht
Farne besiedeln die Zweige wie
Geräusche die von Vögeln bekritzelt werden

Der Himmel von Beginn an
Ausgeschlossen

10
Bananenblätter schindeln die Trauer grün
So weist sie ab

Lehm
Vulkanisches Laub duftet aus der Straße

Mit den Blättern lauschen die Dächer
In den Regen

Um endlich dessen Strichcode
Zu entziffern wie eine Handschrift

11
Erdigkühl die geschlossene Hand
Die innen weiß atmete
So gab sie mir grüne und rote Kaffeebohnen
Traubenweise

Die einen grün
Sie reifen noch
Aus den anderen wuchs das Rot
Wie aus Lippen am Abend

Auf dem Feuer zwischen drei Steinen
Rösteten sie die Schalen bis zum Platzen

Der Duft war noch fern
Aber verhieß schon den Genuss
Der dem Trinken vorausschwebt

12
Wenn sie mit zwei Stößeln aus Holz
In den Mörser stampften
Mit dem Gleichmaß von Kolben
Eines alten Raddampfers auf der Elbe

Sangen sie wie Schwestern vor der Abendmesse
Als es noch Maiandachten gab und
Der Rosenkranz den Wochen den Rhythmus

13
Der Mond eine weiße Seihe
Die über das Verstummen der Wasserstellen
Lichtspreu verschüttet

Ein Massai wirft einen Speer
Vors Zelt der Umarmung

Die Engeltrompeten
Lassen die Kelche sinken

Wir legen unsere Haut
Den Sternen aus

So sind wir
In Sicherheit

14
Not me it's God
Tansania schreibt sich ein
Ins Heck des Kleinbus
Mit acht Sitzen

Fünfzehn sind an Bord
Zwei surfen an offener Seitentür
Im Fahrtwind und winken beim Überholen
Am Ohr ein Handy

15
Auf dem Schuppen segnet ein Kreuz
Die Rinder der Massai

Kinder gestützt auf Stecken
Lächeln sie weiter in die Steppe

16
Eine Familie Elefanten
Drei kleine in der Mitte
Mutter und Tanten sichern
Vorne und hinten
Kein Vater nirgends

17
Furchen Rinnsale Falten im Grau
Die Haut ein Netzwerk

Das immer neue Länder teilt und entwirft
Ein stetes Adieu
Bewacht von Augen und grasigen Wimpern
Das weiter zieht

Die Ohren im Umriss Afrikas
Werfen Staub auf den Rücken um
Die Verletzlichkeit zu schützen
Den Speicher der Erinnerung
Der nie voll wird

Wenn ihre kanonenernsten Füße
Den Abend anhalten
Können sie weiter hören als alle

Über alle Wipfel hinweg

Dann ist ihre Ruhe vollkommen
Und der Wald nimmt ihnen die Gelassenheit ab
Für Stunden und schweigt sie ein

18
Die Gnus werden auf der Flucht geboren
Fünfzehn Minuten bleiben den Säuglingen
Zu stehen und mitzuziehen

Die Zebras legen ihre Angst in die Nasen der Gnus
Die ihnen vertrauen
Die Gnus setzen auf den
Antennenblick der Zebras

Der früher sieht

Mit zusammengesetzten Ängsten
Länger leben und
Fliehen

Die Gnus schwärzen die Steppe
Aber ihre Begleiter streichen sie weiß
Und machen die Köpfe heiter

19
Die Massai legen Brand in die Steppe
Blauen Rauch hissen sie zum Blau über ihnen
Das Feuer nimmt das gelbe Gras
Mit sicheren Bissen

Schiefertafelschwarz bleibt zurück
Auf dem sich die Serengeti
Neu buchstabiert
Der Zeigestock der Büsche schaut zu

20
Die Flamingos Wolken
Rosaweiß weißrosa
Auf und nieder
Auf und hinauf
Erst laufen Spindelbeine mit übers Wasser
Rennen und rennen bis sie aufgeben

Und sich strecken im Flug
Schnabel Körper Beine eine Gerade
Eine Flugzeile die das Nachschauen verwundet

Hier unten

21
Die Savanne wenn sie die Sonne
Gehen lassen muss
Schweigt uns nieder

Schirmakazien wollen
Mit letztem Schatten die Nacht aufhalten
Während die Gnus sich befragen

Wir legen unser Ohr an die
Zeltwand Tod und
Hören uns zu

22
Die Sterne
Den Gräsern gegenüber
Sammeln alle Namen und legen sie
Auf die Rücken der Gnus

23
Die Giraffen setzen sich
An Deinen Beinen fort

So sind Deine Schritte immer
Fern und nah zugleich

Serengeti darf nicht sterben
Ein Akkord der Dich aufnimmt

24
In jener Nacht war die Hitze im Krankenzimmer
Aus Afrika
Sie stand wie eine Gebieterin

Franz Liszts *Années de pèlerinage*
Flossen ihm unentwegt über die Hände
Die Decke hatte Tasten
Leichte Perlen flogen darüber
Glissando crescendo
Diminuendo pianissimo

Wortlose Partituren
Die nur wir beide hörten

Der Atem rauschte in der Sauerstoffmaske
Er hatte die Wanderschaft schon begonnen

Im Halbschatten der Nachtschicht
Wurde er eins mit der Musik
Die ihn liebte
Seine Vertraute sein Geheimnis
Zwischen Es und A

Er ging und blieb
Der letzte Akkord
Nahm ihn auf

25
In Schirmakazien sind die Wolken gelandet
Unbeweglich gehen sie
In die verblühende Sonne
Der ungemeißelte Grabstein

26
Der Sekretär schreibt die Gräser bunt
Mit Federn am Hals

Rot brennen die Augen
Mit jeder Zeile die ihm
Nicht gelingt

27
Der Strauß
Eine Cessna die den Abflug
Nicht schafft

28
Löwen
Liebkosen sich
Der eine den anderen

Die andere den einen
Mit Zungen geben sie
Glanz aufs Fell
So wandern sie weiter

29
Ein Feld Gazellen
Eine Kolonie Frieden

Wenn sie losschnellen
Hält der Wind den Atem an

Anmut und Stolz pfeilen
Über die Haut der Savanne

30
Serengeti heißt
Die unendliche Ebene
Weil dem Horizont
Dem weiten Lippenbogen
Das Pendant fehlt

31
Flamingos sind Pfeile am Himmel
Sie treffen weil sie zurücklassen

32
In die Rinde morst ein Specht
Die Nachrichten der Geier
Die IM der Bäume
Weiter
Ins Internet der Gräser

Wenn sie sich auf der anderen Seite
Der Erde biegen
Haben sie den Sendebericht geschickt

33
Mit der Machete schlagen sie das reife Hafergras
Um mit den Garben die Dächer zu decken im Dorf

Ich streife von den Ähren
Samen in die Hand und lege sie
Ins Taschentuch als Gepäck für den Rückflug

Vielleicht gehen sie auf
Und dann ist Tau an den Halmen
Die für mich sprechen

34
Du bist der kristallne Tau
Der dem Morgen Krallen gibt
Gepardin

Dein Blick senst die Gräser

Die Nacht hat in Deinem Steppenfell
Brandstellen zurückgelassen

Wenn Du Dich bewegst
Schwingen die Halme mit
Und streifen die Perlen ab

In der schläfrigen Dämmerung
Jagst Du nach Versen
Und bringst sie mir

Gepardin

Namibia

Die Luft flackert und flüstert
Über dem ausgetrockneten Salzsee
Hier spiegeln sich oben und unten

Ununterscheidbar die Linien und Laute
Die über die *Etoscha Pfanne* gehen
Ohne sich zu berühren

So bleiben sie spurlos
Und doch gegenwärtig
Greifbar und himmelsfern

Die Diamanten in der Tasche
Sind nutzlose Gefährten
Und trösten nicht

Wenn Giraffen den Horizont heben
Beginnt sich die Atemlosigkeit zu lösen
Und das Salz verschließt die Lippen

Die Wasserflasche hält mich fest
Wie eine Geliebte die
Wolken lesen kann

Namibische Feen

Unter der Wüste lebt die Nacht
Der schwarze Drache mit roten Augen
Die Himbaleute wissen es genau denn
Sie cremen ihre Haut mit zerstampfter Erde

Das langmähnige Gras wendet sich ihnen zu
Wenn sie Feuer verlassen und nach Fährten suchen
Bei Neumond stoße der Drache Luft aus
Dann stiegen Feuerblasen nach oben
Brandkreise markierten den Morgen

Dort sammelt sich Wasser
In grünen Ketten
Kleine Zisternen
Die überleben lassen

Termiten leben heimlich
Sie schwimmen im Sand hinauf und hinunter
In wimpernzarten Gängen
Die kein Licht brauchen

Auch so entstehen die Feenkreise
Liebesspuren einer anderen Welt
Nach Regengüssen grünen sie aus
Und blühen und tanzen den Tag zu Heu

Über mir

Nirgends ist das Zelt des Himmels
So nah wie in Namibia
Die Sterne greifen nach mir
Die Milchstraße ein Nebel
Der mich einlädt mich aufzulösen

Viel leuchtet
Auf die Reise geschickt in Lichtgeschwindigkeit
Was schon erloschen ist

Und so bist Du mir nah

Timbuktu

Kommt immer näher
Es versinkt von Jahr zu Jahr
Nacht für Nacht tiefer in
Saharas Umarmung
Trockene Münder besticken die Schals
Die sie mit sternenweisen Falten
Über Schenkel und Schweigen wirft

Die Ahmed-Baba-Bibliothek ist wieder
Ausgebrannt
Aber der Sand nimmt die Sätze schon wieder auf
Blatt für Blatt schreibt er
Die Seiten um und um
Mathematische Formeln suchen Suren
Die Mohammed vergaß aus
Davids Gesängen und Sehnsucht

Die Mausoleen sind Handschriften
Unersetzbar
Und werden deshalb nicht sterben
Jeder Tod ist nur eine Wandlung
Die mitnimmt und tröstet
Nirgends liebt der Mond
Saharas heimliche Geliebte
Näher als hinter den Lidern

Jordanische Passagen

1
Nur nachts schwirrt die Wüste Gott entgegen
Immer näher kommen die Sterne

Die ihr Licht ausstreuen aus verblichenen Augen
Sie haben den Anfang verloren
Und senden doch weiter

Das Wadi eine Stilllegung
Die uns öffnet und überhandnimmt
Wie Verlieren Verlassen

Du legst Atmen auf meine Schulter
Der Jordan ist nicht weit

2
Die Minarette vermehren sich
In den Pinien
Und stehen zusammen
In einem Wald
Der suchen und empfangen will

Wenn die Nacht die Fugen schließt
Sind sie ganz Ohr

3
Die Sonne eggt abends übers Tote Meer
Der Morgen hat weiße Räder
Durch die wir uns werfen
Wie Rettungsschwimmer die nicht fragen

Im Wasser ist kein Tod

Erst wenn sich am Nachmittag wieder
Die Felsen mit weichem Rot schminken
Und die Hände mit Henna entführen
Sie streichen die Wellen ein
Sie streichen sie aus

4
Vierhundert Meter
Unter dem Meeresspiegel
Und noch einmal
Vierhundert Meter
Bis zum Seeboden

So tief hinab
Küsst die Erde
Weil sie sicher ist
Doch noch Leben zu finden

5
Der See
Der unerreichbar ferne Mund

Das Blau das den Himmel spiegelt
Und ihn erhält
Weil die Wolken nichts wissen
Und weiter umarmen mit allen Winden
Die Regen verheißen

6
So wie mich das Tote Meer trägt
Und nicht untergehen lässt
Trägst Du mich
Das Salz schließt die Narben

Aus ihnen blühen Kristalle
Aus den Tiefen der Klänge
Die uns vergessen lassen

7
Pottasche exportiert Jordanien
Für pharmazeutische Produkte
Asche die heilen hilft
Was ohne Wasser auskommt

8
Ein Feld den Hang hinauf
Das braun ausbrennt
Unbeweglich duldend
Und doch bewegt wird von einer
Kolonie schwarzer Plastikbeutel

Die sich aufplustert zu Raben
Aus tausendundeiner Nacht
Wegwerfhüllen mit denen der Berg
Sich vergnügt hinter dem Fahrtwind

9
Noch rasch vor dem letzten Muezzinruf
Halten die Beduininnen ihre Hände
Dem Henna des Abends entgegen
Silbern kreuzen die Haarspangen
Das Zelt

Eins mit dem Stein ein Esel
Angepflockt ans Sterben
Das nicht kommen will

Der Pickup tropft Diesel aus
Ein Handy lässt die Hand sinken
Faustkeil der schweigt

10
Und am Horizont der steinernen Wüste
Plötzlich vier Lichtmasten einer Flutlichtanlage

Ein Stadion das eine Tribüne
In die Hitze stemmt
Ein Pult für den Passanten
Der sich neu buchstabieren will

Wie die Häuser mit nur einer Etage
Die unfertig bleiben mit
Moniereisenbündeln an vier Ecken

11
Arabellion
Ein Fremdwort für den der lächelt
Der immer da ist auf Papier und Pappe

Der König ist Mohammeds Enkel
Alle Bilder sind König
Alle Jordanier Prinzen
Ihre Worte halten facebook in Schach
Noch

Und die Frauen
Ihr Blick ist eingetucht und schwarz
Koranisch angeleint

12
Vierzig Tage bei den Beduinen
Dann gehörst Du zu uns

Eine Verheißung die der Kettenverkäufer
In Petra mit auf die Hand legt

Lapislazuli
Naturrubin und
Blutschwarze Steine

Von Mädchenhänden in Silber gefasst
Eingelächelte Sterne die atmen

13
Aron ist ein Bruder der Berge
Die Winde bewachen ihn hier oben
In der weißen Moschee
Sein Sarkophag ist grün
Behütet gegenüber der Nische

Hier ist Aron ein Imam
Der allen Gipfeln rings Namen gibt
Den unzähligen Himmelsleitern
Die den Neigungswinkel kennen
Zum Blau
In uns

Der Beduine hat mit schwarzer Kanne
Tee bereitet auf Feuer und Stein
Er erwartet nichts
Und lädt nicht ein
In die Moschee am Kopf des Berges
Auf weißem Esel eilte er voraus

Er bindet sein rotweißes Tuch
Um unsere Blicke
Denn er ist ein König
Seit Jahrhunderten
Und über den Horizont hinaus

Sein Auge ist ein Adler
Den er zu Tal schickt
Er
Der Bruder von Aron und Moses

14
Rababa
Die einsaitige Zuflucht unters Zelt
Die Gambe aus Ziegenhaut
Spielkasten der heimholt und -hält

Die Sehne eines Pferdes
Erhellt die aussichtslose Steppe
Wenn der Bogen mit Ziegenhaar
Laut gibt und Klänge hin- und her-
Schaukeln lässt

Vierteltönig wiegen die Finger die Wüste
Die sich spannt wie gezuckerter Tee

Deine Hand öffnet sich langsam

15
Schon von Sonnenuntergang nimmt der Mond
Die Patrouille auf
Und setzt sein Fernglas auf uns an
Im Wadi Rum
Seinem braunen Gegenüber

Die Felsen ritzen Schweigen
In die Spalten

Alles Vergängliche ist nur ein Gleichnis

Die Karawanen ermatteten hier
Pilger von hier nach dort
Von ich nach ich

Als die beiden Lokomotiven
Die Phosphatwaggons
Jordaniens Überlebensmittel
In die Kurve ziehen
Verblutet der Abend unter den Händen

16
Kein Netz
Geh weiter auf die Anhöhe
Dort wo der Berg ein Geliebter ist
Seine Schatten sind lang
Und zeigen Distanzen an

Das Rechteck in der Hand
Laufe ich weiter
Um der digitalen Meldung
Kein Netzzugriff
Zu entgehen
Und um empfangen zu können und zu senden

Adnan ging weiter

Entlang seines Namens
Einen Teppich geschultert
Eine Karaffe Wasser am Arm
Und verschwand

Er
Hatte Empfang

17
Komm näher
Beduinin

Sterne liegen auf Deiner Zunge
Du gibst ihnen neue Richtung

Der Jordan ist eine offene Wunde
Wir können sie schließen

Mit den Satzzeichen
Die Gott uns zuwirft

Nur hier

Zypern dreifaltig

1

Am Hafen schlagen die Wanten
Auf die Masten der Segelschiffe
Das Pizzikato der ablandigen Winde

Hier werden die Wetter vergessen
Eine Herde Gewissheit an den Stegen
Das warme Exil duftet nach Brot

Und doch zieht Unruhe auf denn
Das Meer wartet immer mit den
Verheißungen im nächsten Hafen

2

Die Uhr ein Mund
Unerbittliche Rundung
Die zu Grunde richtet
Und rettet in Minuten

3

Immer schneller überspringe ich die Panik
Und drucke Geld
Um uns am Sekundärmarkt
Traumanleihen zu kaufen
Die Land gewinnen lassen
Und Schulden tilgen

Diese *Zauberblätter* erhellen
Die Magie des Lichts im
Rasenden Tunnel

Komm
Wir wollen unsere Verluste umverteilen
So leben wir länger
Wenn wir leben

4
Der Oktober harft das Mittelmeer
Mit tieferen Tönen zum Ufer
Die Wellen wissen nicht wohin
So voll sind sie von Wärme und Luft

Die Kiesel küssen mit Perlen zurück
Und schicken sie hinauf zu den Sternen
Ihren nahen Verwandten
Die nur selten die Erde besuchen dürfen

5
Ferula communis:
An den Straßenrändern und in den Ruinen von Salamis
Fencheln sie mannshoch über die Sehnsucht

Das Mark hält die Glut wenn es die Fischer
Anglimmen und geschützt in den Bootskörper legen
Frauen geben dem Feuer den Anfang

Und entlassen die Boote in die Nacht
So sind sie sicher und können
Lichtzeichen setzen

Wie Prometheus der mit glühendem Mark
Des Riesenfenchels Verbindung aufnehmen wollte
Zur verbotenen Welt

6
Der Muezzin ritzt den Morgen auf
Damit Gott
Den Schlaf wegblinzeln kann

7
Die vom Boden aufgehobene Scherbe
Wölbt sich in meiner Hand zu einer Amphore
Wir halten uns gegenseitig
Wie einen Fallschirm aus Wein

8
Johannisbrotbäume retteten Johannes den Täufer
Vor dem Verhungern
Fünfzehn bis zwanzig Meter hoch
Tolerieren sie das Salz der Träume
In paarigen Blättern
Erst nach sechs Jahren das erste Erblühen
Im Dezember schlagen wir gegen die Äste
Wie Johannes

Und holen die Fruchtbündel zur Erde

9
Schafe und Ziegen weben das Land zusammen
Sie halten alles Verdorren aus und
Beginnen immer wieder von vorne

Sie geben nicht auf
Wie eine orthodoxe Kuppel
Dieser gefesselte Ballon

Der die Höhe kennt in die er
Fliegen kann und nur dem Wissenden
Davon erzählt

10
Ferne Blumen
Welken nicht
Sie wandeln sich
In neue Schönheiten

11
Die Gesichter der Insel sind Haltepunkte
Für gestorbene Wege
Doch die Greenlines der Pinien und Zypressen
Bleiben ein Internet das kein Störsender erreicht

Mit bunten Schnüren umgürtet sind die Basiliken

Tanzende Mädchen aus tausend Ikonen

Aphrodite landet in Páfos
Mit einem Seil auf dem Kopf
Und gibt dem Glück Asyl
Außerhalb der Reichweite des Todes

12
Karfreitag ist ein Blumenmantel
Der durch Geroskípu geht
Bis zum Epitaph

Dort legen die Frauen ihn ab
Die Kuppeln küssen das Kreuz
Und gehen ins Meer

Das sie bewohnen
Wie alle Gräber
In uns

13
Dreifaltig geteilt
Ist Zypern überall wo der Verzweiflungsschrei
Der Muezzin
Die Glocken fürchtet
Und die Militärbasen den Abend abnehmen
Wie eine Parade

Im Höhlenkloster Ágios Neófytos

Besingt die Inschrift die Erzengel
O, Ihr heiligen Beiden,
Ich bete inständig
Dass dieses Bild Wahrheit werde

In vierundzwanzig Strophen
Mit allen Préludes von Chopin und Rachmaninow
Mit den Engeln Mendelssohns und Bachs Chorälen
Wiegt der Akathistos-Hymnus
Das kupferbeschlagene Flüstern
Der Ikonostase über
Maria Entschlafen

14
Die weiße Kapelle Profítis Illías in Protarás
Lässt die Wunschbäume hinaufwachsen
Bis zum Dach
So sind beide den Wolken näher

Die Papiertaschentücher und Stoffstreifen
An den Ästen sind Umarmungen
Die in Erfüllung gehen

Müde

Amare sagen die Römer bis heute
Weil sie wissen
Dass es ein Meer ist
Dass es ein Ertrinken
Dass es nur so Halt gibt

Ein Auswandern ins Wasser
Ein Einwandern in die Münder der Wellen
Ein Verweilen in der Muschel am Strand
Während die Brandung bricht
Niemand sucht hier
Im türkismüden Meer
Der ligurischen Küste

Franz

Er kennt die Sprachen der Restaurants
Italiens in Rom und Neapel und auf den Schiffen
Im Ligurischen Meer
Und weiß wie Montale Verse anlandete und Ungaretti
Wortfäden zog durch die schmale Öse Geduld

Eine Nacht im Weißen verbringen
Sagte er wenn er nicht schlief und
An einem Buch festmachte
Um zwei um drei und vier
So sagen das die Italiener
So seine Maria aus Treviso

Seit Tagen schwimmt er im Hafen
Die Station im Tauchgang der Nacht
Die Flasche am Bett
Tropft Fische in die Venen
Sie suchen das Meer

Münze

Hier nimm
Sie ist handwarm
Ein Mond der die Fingerkuppen
Zu Sternen macht die noch nicht leuchten
Aber schon glimmen porenmatt

Und lass sie mitfliegen nach Rom
Ins zweite Jahr der Pèlerinage
Vergiss die Wasserspiele der Villa d'Este
Die auch nachts
Nicht zur Ruhe kommen

Geh zum Trevi-Brunnen
Der alle Wünsche erfüllt der alle kennt
Und die Quellen der Flüsse
Die lächelnden Blumen

Und wirf sie hinein zu den anderen
So werden sie sich mit denen verbinden
Die auf die Transkriptionen der Fontänen hoffen

Und in den Wurf wünsche das Innigste hinein
Mit dem Versprechen niemandem davon zu erzählen
Dann hämmern die Zikaden
Eine neue Prägung in den Mond

Doch

Komm
Wir gießen Feuer ins Wasser
Ins Hier-bin-ich
In den lachenden Tod
Eine Septime abwärts
Der Himmel holt sich den Regen zurück
Die Wolken das Meer und
Die Exile das Land das ihnen gehört

Komm
Wir löschen die Blätter von den Bäumen
Stellen die Zeiger auf Null
Und geben dem Rundlauf der Uhren
Neue Ziffern aus Luft und Klang
Venedigs Seufzerbrücke ist aufgeflogen
In grünen Akkorden
Die Lagune taucht unter

Wörthersee

Wenn wir einfliegen
Nach Klagenfurt
Nehmen die Turbinen den See
Unter die Flügel als könnte er

Die Landung hinauszögern
Als stünden wir an der Abendkasse
Für Brahms' zweite Symphonie
Ein Mantel der wärmt und stillt

Hier sind die Sommer Ferngläser
Sie wollen über die Karawanken
Nach Venedig im
Türkisblau der Wunde Wörthersee

Montafon

1
Der Bach orgelt seit Jahrhunderten
Seine Steine
Rund und stumm

Die Schneeschmelze kann es
Nicht lassen
Den Schliff zu verbessern

Die Schaumkronen stieben
Kristalle auf und
Gehen über

Mund an Mund
Mit der Forelle
Am Grund

Die die Minuten
Versteinert und alles Wasser
Durch die Kiemen lässt

2
Die Silvrettahochalpenstraße wirft Staub in die Ritzen
Der Holzhäuser aus dem Jahre 1801
Die Dachbalken sind Fische mit weißen Augen
Und Mäulern als wollten sie schreien
Noch etwas sagen ganz zum Schluss
Tagein tagaus

3
Die Bergdohlen
Satzzeichen die den Gipfelschnee umkreisen
Und nichts finden
Das sie unterbrechen könnte

Bis der Abend aus den Tälern
Das schwarze Farbband um ihre Flügel legt
Und sie der Ermüdung nachgeben

4
Kann ich Ihnen helfen
Fragt einer mit filzigem Hut
Während er Schnee aus den Wegen
Zwischen den Gräbern fegt

Nein
Ich schaue nur bin gern bei den Toten
Und so näher zu Hause
Denn Gräber halten zusammen

Die Namen der Dörfler sind alle verwandt
Schmiedeeisern wachen die Kreuze und
Verheißen Erlösung

Bis mich ein Name in den Blick nimmt
Dem ich nicht ausweichen kann

Paula Dich

Dich
Haben sie Dich begraben
Hier
Bin ich Dir hier nah?

Reiselust

Antizyklisch reisen
Dorthin gehen fliegen träumen
Wo die anderen abwesend
Wo die Plätze winterleer sind und
Die Kathedrale vor sich hin schnurrt

Der Capuccino ist eine Insel aus weißem Schaum
Auf die sich meine Zunge traut
Die Hand öffnet sich für den Wärmeaustausch
Mit dem Porzellan

Durch die Vorhänge dringt keine Zeit
Am Nebentisch Salz und Pfeffer
Und umgedrehte Gläser

Das Abdampfen der Espressomaschine ist
Kein Foto sondern meint mich
Luchino Visconti drehte hier einen Film
Aber er war nie da

Die grüne Flasche Pellegrino auf kühlem Tischtuch
Hat den Laufsteg verpasst
Und schläft hinüber zur Fontäne
Die schon Gitarren hört

Hol über

Der Fährmann in Basel meidet die Brücken
Er weiß
Dass er die Strömung im Blick halten und
Die Abdrift berechnen muss
Seine Hand am Ruder ist ein Schmetterlingsflügel

So kommt er an

Wenn die Kiesel am Ufer zärtlich in den Bug beißen
Und den Bootskörper bezittern
Sind die Wellen beruhigt und ziehen weiter
Nur am Heck kreiseln einige noch
Im Gespräch mit tanzenden Mücken

Balkanisch

Komm wenn die Flüsse schlafen
Wenn sich die Ufer von Save und Drina
Mit dem schwarzen Haar des Himmels verbinden
Wenn die Mariza über die thrakische Niederung
Streicht und duftet und aus den
Höhlen und Schluchten kalkiges Wasser schwillt
In Murmellauten den zärtlichen Girlanden
Sie spielen Unterwelt
Wo Tollkraut und Farne verschwimmen

Hier sind die Rückzugsebenen die sicheren Verstecke
Partisanin
Du kennst sie alle
Europas weicher Unterleib
Sind die Flüsse
Balkanisch und nicht begrenzt von Gegenwart
Ausgeliefert nur sich selbst

Komm wenn die Flüsse schlafen
Und keine Brücken brauchen
Wenn Iskar und Mesta wispern und
Singen als könnten sie das Schwarze Meer
Erreichen als wären Land und Wasser
Eine Ebene die trägt und atmet

Sofia

Der Chor ist die Kirche und
Singt ins Gewölbe ins runde Gestein
Hinauf ins offene Blau

Cyrill und Method senden die Bässe
Auf die Reise der
Alexander-Newski-Kathedrale

Sofia eine Weise
Sie senkt sich über Dächer
Und Bögen die verlöschen

Der Nachtgottesdienst
Ein langsames Verbluten
Aus den Versen des *Bolgarski Rospew*

Horizonte zeichnen die Stimmen
In die Fenster
Die schwarzen Zuhörer

Sie nehmen die Bitten der Kerzen auf
Dort beginnen die Hymnen und
Klänge ohne Partitur

Romanian Rhapsody

in memoriam Mihaela Ursuleasa (28.9.1978 – 2.8.2012)

Mit Grazer Galopp fliegt sie über die honigglühenden
Wiesen und Felder
Pannoniens
Es macht sich flach und will hinüberreichen
Bis nach Wien

Ländler Ecossaisen Polonaisen und Rhapsodien

Die Mutter sang ihr Moldawien
In die Wiege
Während der Vater blaue Roma-Perkussionen
Unter die Finger nahm und traurig zauberte

So wurde sie die Pianistin
Ihr Flügel beruhigte
Dobruscha Walachei und die süße Heimat Siebenbürgen

Wenn sie Schubert zuhörte beim Spiel der
Drei Klavierstücke Deutschverzeichnis 946
Die Brahms entdeckte
War sie sicher dass er es für sie getan hatte

Wenn sie in Constaninescus Suite für Klavier
Die Taktverschiebungen byzantinisch
Tanzen ließ und verschleierte
Und Enescus Rhapsodie behände mit
Walzerwendungen bestickte

Legte Bartók seine Hand auf ihre Schulter

Brasov nun eine ferne Stadt der Sterne
Kronstadt spielt die Schwarze Kirche weiter ins Dunkle
Verbunkos schweigen über die Plätze
Bis nach Bukarest zum Cimitrul Bellu

Dort hört sie weiter den Impromptus Schuberts zu
Sie tragen Rumänien

Wer sie besucht streift mit der Hand über die Stirn
Des Steins der Zahlen festhält wie Noten
Sie singen der Tochter zu

Liebliche Wohnungen

Nachdem Ceausescu erschossen
Nachdem sich Rumänien wieder einmal aufgelöst hatte
Nachdem die Securisten abgetaucht waren
In ihre inneren Kanäle zwischen Rumänien und
Deutschland
Und in den unbehausten Papieren in Kellern und
Archiven

Kaufte sie nach dem Tod ihres Mannes
Die Wohnung für eine Handvoll Lei
Wie alle die zugriffen
Die Etage hält sie nun fest auch nach ihrem Wegzug
Nach Köln zu ihrer Tochter die erhoffte Zuflucht

Die Nachbarin vom Nebenhaus
Schaut immer mal vorbei
Hängt Handtücher in Bad und Küche
Lüftet und belebt die Abwesenheit
Die Betten warten vergeblich wie die
Fotos auf Schränken Tischen Absätzen

Von neun bis elf geht sie auch durch die
Parterrewohnung
Verwaiste Bleibe auch hier
Und füttert die beiden schmalen Katzen
Zärtliche Bukaresterinnen

Sie sprechen mit Schweigen und kratzen am Rahmen
Die Scheibe herauf und hindurch
Der Blick der Passanten wärmt flüchtig
Fell und Wohnung

Mezzo

Als die Sommerhitze alle Poren der Haut
Mit Sternen bestickt hatte
Und Klausenburg hinaussegelte zu den
Honigweichen Feldern
Auf denen Mücken sich mit Tänzen
Den untergehenden Lippen der Sonne entgegenstellten

Begann Franz von Assisi zu singen
Vom Wasser
Wie von der nahen Schwester
Die er nie sah und doch in sich erkannte
Von der Quelle in ferner Oase
Die sich
Endlich angekommen
Wandelte ins Meer und in alle Meere
Die durch geduldige Klänge süß wurden
Und stillten

Pfarrer Bruno Fröhlich

Sonntags fährt er von Kirche zu Kirche denn
Siebenbürgen bestickt den Himmel mit Türmen

Die Glocken gehen jätend durch die Felder
Von Holzmengen nach Bistritz

Er kommt von Schäßburg
Wo der Friedhof die Kirche bewohnt

Die Panjewagen beweisen die Gleichgültigkeit
Der Bewegungen auf Wegen und Straßen

Der Atem der Szeklerpferde dampft
Herbstfeuer über die Felder

Gabriel Fauré spielt eine Sarabande
Von der Orgelempore auf schwarze Mäntel

Die warten dass er endlich kommt um neue
Psalmen in die weichen Fenster zu beten

Die Heiterkeit der alten Worte
Die kein Ende kennt

Transnistrien

Hagia Sophia
Dort darf niemand beten
Denn Gebete nehmen Maß
Sofia
Die Orpheus singen hörte
Aus den Schluchten Transnistriens
Sophie
Die keine Zeitumstellung mitmachte
Weil sie eingewoben war in das Liebeswort
Philosophie
Das weiße Auge das zum Grund führt

Minze

Stets übersehe ich sie
Auf der Suche nach Blumen
Die noch klingen und atmen

Immergrüne Blätter
Gezackte Zärtlichkeiten
Komm ich reibe sie Dir in die Hand

Es bleiben ihre Zitronendüfte
Wandeln in südliche Fernen
Armbänder aus einsamer Frische

Die wir nicht abstreifen können

Zurück

Schwer schwingt
Geläut über den Platz

Die Türme von Timişoaras Dom
Ziehen mit birnengelben Schritten
Zur Pestsäule

Sie wartet schon
Um aus der Nachtverlassenheit
Geholt zu werden

Zurück
In die Mitte des Morgens
Maria breitet die Arme

Durchreise

Grau gebieten die Kirchen über die Dörfer Frankreichs
Ernst zeichnet der Abend die warmen Mauern nach
Und treibt die Gräber näher zum Turm
Die Glocken noch sichtbar hinter offenen Lamellen
Lassen weiter die Seile hängen
Wir heften unser mitgebrachtes 19-Uhr-Schweigen
Ans Tor

Ankunft in Magny

für Alfons, den Cousin

Neben dem Tor
Liegt der sterbende Sohn
Auf dem Schoß der Mutter
Steingewandet sie beide
Eine Schale Begonien glimmt hinauf
Bis zu ihren Füßen tagein tagaus

Wenn er von Deutschland zurückkommt
Stirbt er der Mutter entgegen beim
Entriegeln der Torflügel
Im vertrauten Grün

Im Wintergarten liegen die Noten
Der Mutter immer noch auf dem Flügel
Er hört sie spielen im französischen Stummland
Seitdem sie aus den Bildern spricht

Beim Entladen des Wagens
Wirft er schon einen Blick auf die Dinge
Die wieder zurückkehren ins Zwischenreich
Von Straße und Geschwindigkeit

Schlosspark Magny

Zwischen zwei Baumwolken
Schon eingeschläfert von Nacht
Die noch auf dem Weg ist
Schießen Fledermäuse hin und her
Als wollten sie die Sterne
Zusammennähen die mich durchstreifen

Ein Jet schiebt Positionslampen durchs Auge
Bis es auch
Aufgibt und passieren lässt

Morvan

Noch nicht gelöst vom gewachsenen Stein
Der Sarkophag
Halb behauen nur für den Kopf
Der Fluss unten konnte ihn nicht flößen
Zu Tal und zu Feldern der anderen
So blieb das Grab hier
Im Hellen des Sandsteins
Vom Morgen erwartet

Barcelona

Im Tango zerfällt das Herz
In Synkopen in Bandoneonfalten
In Schönheiten zersplittert in Spiegeln

In aufgegebene Besitzungen
In die Haziendas von Schmerz und Abschied
In die Müdigkeiten des Abends

Und nur der Tango
Auf den Ramblas
Und auf anderen endlosen Straßen

Am Schwarzen Meer
Am Mund der Flüsse
Kann wieder zusammensetzen

Und den Blick versöhnen mit der Traurigkeit
Die hindurch ist
Die verzeiht und alles weiß

Myanmarisch

Mi Mi
Meine Oboe

Mit sieben Fingerkuppen schließe ich die
Verwundungen
Deines Körpers aus Ebenholz bis meine Hände
Auslaufen
Zum konischen Ende

An der Pagode schlage ich an Glocken und Boden
Damit auch die Erde klingt
Sie trägt uns weiter

Mi Mi
Deine Töne spannen Schirme auf
Immer neue immer höher
Um dem Himmel näher zu kommen

Am achten Tag des Halbmondes
Sprich zu den Vögeln
Wie Franziskus
Singe ihnen zu
Den gefangenen Sperlingen im Käfig
Vor dem Tempel
Feilgeboten vom traurigen Lächeln des
Kauernden Mädchens

So kommen sie frei
Ihre flüchtenden Flügel
Lassen Mantras fallen
Für eine neue Schrift die in Deiner aufgeht
Mi Mi

Burma

Ein Vorhang weiches Haar passierte die Tische
Im Duft von Sandelholz und Kokosnussöl
Jasminblüten lagen ermattet neben den Gläsern
Wie Schweigen das den Worten nicht folgt
Die Hausmauer gegenüber spielte
Eidechsen über die Fugen
Fingerübungen der flachen Schatten
Sie verwandelten sich in Schriftzeichen
Bevor sie verschwanden im Cocktail des Foyers

Pagoden

Kopfüber kopfunter stürzen
Die Pagoden ins myanmarische Meer
Holen den Himmel auf die Lotusblüten

Sehnsuchtsvolle Ballone sind sie
Goldverzehrendes Licht das die Gebete entfacht
Und die tiefe Müdigkeit wendet

In die Silhouetten der Sonne
Die eintaucht ins rote Mantra
Das dem Traum die Silben öffnet

Verschwiegenes Schweden

1
Andersson Gustavsson Svensson
Larsson Petersson
Johannsson Davidsson Salomonsson

Sie sind geblieben
Sie bleiben und sind nicht tot
Die Wolken verwandeln die Steine
Langsam ins Landesinnere
Ein nicht endender Lebenstaumel
Ein landloses Schweigen das nicht zerschellt

Die Begonien beginnen immer wieder von Neuem
Zu brennen zu leuchten zu vergehen
Positionslichter der fernen Beter
Die weiße Kirche kennt alle
Die ein- und ausgehen
Die auf der Flucht sind und die nicht mehr kommen

Wenn im Sommer die Toten abstimmen über Lebende
Sind die Mehrheiten gewiss
Hält der eine zum anderen und
Du wird zu Ich

Der August landet im Blau
Die unverhoffte Angst

2
Den Widerstand des Wassers zum Heck drängen
Den See bewegen

Den Ruderstrudeln das Zeitmaß lassen
Während der Bug Streifen in die Wellen schneidet

Ein Habicht streicht ab über Fichten
Und lässt uns zurück auf schwarzer Fläche

3
Die Bolmsfähre aus Sunnaryd
Schiebt den erschöpften Abend ans Ufer

Eine zärtliche Hand
Die den See zudeckt

Zwei Seile im Wasser rollen auf
Auf Winden
Die den Kurs halten

4
Der Malmsjö-Flügel bewacht tonlos
Den Altar
Das Taufbecken
Das PAX der Kerze

Messingleuchter halten den Gang frei

Die einfache Geometrie der klaren Fenster
Lädt den Kirchhof ein zu kommen

Herre, vem får gästa ditt tält?
Vem får bo på ditt heliga berg?
Den som lever oförvitligt och gör det rätta
Och är sann i tal och tanke.

Wer darf weilen in Deinem Zelt

Wer bleiben
Sich schützen lassen
Ausleben und vergehen

Psalm 15 auf dem Pult
David betet

Wer die Wahrheit hat redet von Herzen

Die Standuhr hört zu
Jede Viertelstunde bekennt sie
Alles was sie wissen kann

5
In den Kissen
Liegen die Seelen

Der Dänen

Deshalb fehlen sie in

Den Betten schwedischer Könige

Aber nur dort

Das nächtliche Kissen umarmen
Wie das Brett des Karneades

Halt finden und stranden
Ohne Kompass und Sterne

Morgen

Grönland eine weiße Harfe
Die aus klaren Wunden singt
Der Wind ihr Duopartner erwacht immer
Neu wenn sich die Gletscher lösen
Sich dem Wasser übergeben
Grabplatten die weiterschwimmen
Die Wale siebenferne Liebhaber
Klagen in die Partituren
Der Aussichtslosigkeiten
Grönland umarmt den Morgen

Schnee

Wenn es doch stimmte
Und die Inuit auf Grönland
Wüssten mehr über Schnee und

Hätten vierzig Bezeichnungen
Wenn der Himmel sein Stummsein
Zerreißt um sich in unbeschreibbaren
Blättern Fetzen Zeichen mitzuteilen

Doch auch sie sind ratlos im Taumel
Der einebnet und die Blicke verwirrt
Nur die Iglus halten warm
Kristalle dichten die Wände

Fannkoma sagen die Isländer
Ein Wort das sich entzieht und festhält
Es weiß mehr über Schnee

Rückflug

Hier ist der Herbst noch ein Filmvorführer
Die beiden Spulen halten zusammen für den Projektor

Auf geduldigen Wolken
Die Lüfte weiden

In dieser Aluminiumhöhe sind
Die Gebirge mundnah

Sie schweigen und sprechen
Sind befahrbare Pisten bis auf den Grund

Phoebus löscht die Anschnallzeichen
Und wirft sie in die Landkarte Himmel

So fliegt er uns entgegen

IV

Wer nur…

Erfahren

Wenn der Fahrtwind der A 3
Die Außenspiegel besingt
Die Fenster verschließt mit Rauschen
Und Fauchen Zischen und Zagen

Spricht Scheherazade
Dann hörst Du sie erzählen
Ihre Ohnmacht ist stärker
Allträumend hält sie fest

An der Geschwindigkeit der Sätze
Die ihr entgegenfliegen
Und sich nicht aussprechen lassen
Dann wären sie unwirklich

Würden entwerten was
Nur im pandorafesten Gehäuse
Wahr ist und verbindet
Und gefahrlos beschleunigt

Erzähl weiter und weiter
So
Kann der Tod nicht kommen
Letzte Fahrten bleiben aus

Hindurch

Komm wir untertunneln
Die Nacht die vor uns liegt
Die mondabgewandten Alpen
Die sich auf uns zu bewegen
Lautlose Schattenberge die
Warten und lauern
Mörderische Majestäten

Wir gehen durch die Zimmer
Und schauen nach den Bettchen der Kinder
Schon lange ausgegangen
Schon weit in anderen Sätzen
Aber immer noch in den Schuhkartons
Die zurückgelassenen Ausflüge sammelnd

Ich nehme Dich mit zu den Blicken in die Straßen
Die alles wissen und nichts hergeben von dem
Was sie verschweigen
Die Laternen peitschen den Asphalt aus
Mit weißen Fahnen
Die Scheiben sind des Regens sanfte Schwestern

Die Flugzeuge nehmen die Startbahnen
Unter die Flügel und wollen weg mit Fracht und Furcht
Wir hören ihnen zu und hängen uns an
Im letzten Augenblick wenn die Katzen uns nicht
Die Füße beschweren mit dem Motorengeräusch
Traumlosen Schlafens

Komm wir beschatten die Nacht mit den Worten
Die sie nicht kennt die wir erfunden haben
Notverpflegung zur Untertunnelung wenn
Die Luft dünn wird und der Live-Ticker
Nichts mehr anzeigt
Dann zählt die Lautlosigkeit
Angefüllt mit einer Sendung Silben

Überflug

Kondensstreifen
Den das Flugzeug ins Blau ritzt
Leerzeile die kommt und wegzieht

Faden der ins Auge gleitet
Uns aufnimmt wie Schlaf
Oder die Muschel am Ohr

Ferne zwischen uns
Kundschafterin die nicht aufgibt
Zu vergehen

Landen

Der See kommt über die Ufer
Jede Nacht
Dreiseitig
Und flutet die kühlen Scheiben
Mit schwarzem Licht das er hervorholt
Aus der innersten Mitte der Wellen
Die keinen Schlaf finden und endlich
Ausruhen wollen hier wo die Blicke
Aufnehmen was sich nicht fassen lässt
In Satz und Wort

Der See beginnt an den Fenstern
Nach den sieben Schlägen des Turms
Graviert der Morgen sein Silberblech
Nie wird es verschwinden aus der Auslage
Der Läden
Der ungeschriebenen Briefe
Der Landungsbrücken in uns

See

Er schimmert und glimmert
Weiß alles und bleibt

Er sieht auch im Dunkeln
Kennt die Weiten neben und über sich
Tagsüber sind ihm die Felder nah und
Er spricht zu den Bienen
Die nektarbenebelt tanzend zurückfinden wollen

Er hat die Fenster im Blick
Streift sacht über ihre Wimpern
Nacht für Nacht und erst recht
Beim langsamen Verglimmen am Abend

Er will wie das Meer
Sich unters Kissen schieben
Und er weiß es zu füllen

Mit Wasser und Flug
Wie Wolken die aus ihm sind
Schließe Dein Fenster nicht

Vollmund

Mit stolzem Vernichtungsblick
Nimmt der Vollmond mich ins Visier
Weiße Langsamkeit
Die mich festnimmt und
Röntgt bis auf den Grund
Der verschlossenen Worte
Zwischen uns

Verhörgitter beschatten den Asphalt

Bach

Und wenn die Reformation notwendig war
Um Johann Sebastian Bach hervorzubringen
Um mit seiner Chaconne d-Moll
In meiner Seele Grund zu tauchen
Zum Stillstand der Musik und
In die Aussichtslosigkeit der Klänge und Klagen
Die immer wieder beginnt das Leben antreibt und
Bricht in rasenden Läufen hinauf zum Schmerz
Und zu den Wohnungen des Verschwindens
Dann war sie gut
Dann hoffe ich auf die nächste
Die mich weiter trägt und wiegt
Mit den Schatten
Zwischen uns

Schubert

Er setzt die Segel der Impromptus
Und hat alles vor sich was ihn trägt

Allegros die sich davon machen
Erinnerungen einholend und Verluste

Die eingestandenen und die am Rande
Von Bitternis und Hoffnung

Die Tasten nehmen die Körperwärme der Hände
Sie sehen nicht zurück

Aber die Delphine die in huschenden Triolen
Die Wellen überholen überspringen überlisten

Sie kennen alle Küsten
Sie halten auf uns zu

Schubertiade

Dann ließ sie sich auf ihn ein
Sich wiegen im Auf und Ab
Der zikadenwarmen Winde
Von Impromptus und Sonaten
Denn sie wusste dass sie sich
Anvertrauen konnte
Den Läufen und Akkorden
Den Perkussionen und Pausen der
Klingenden Depressionen in
Schwingenden Melodien
Die Herzkammern sind
Die fragen und antworten
Wie Wintergewitter die vom Sommer erzählen
Und von den flandrischen Dünen
Die Ausschau halten zum Meer
Und bleiben in den Grasantennen
Die sich öffnen dem Sand den Muscheln
Und dem verborgenen Sterben
Stillstand erst im Andante
Der Klagemauer hinter der Stirn
Dem Speicherplatz der Dich meint
Und erhört Wort für Welt

Reines Vergnügen

Scarlatti schneidet die Sonaten mit scharfen Messern
Ein Auf und Ab das die Haut ritzt

Ohne es zu merken bis warmes Blut Kalligrafien
Über die Arme schickt über Beine und Wangen

Es öffnet die Klänge sie fallen und perlen
Sterben und werben sehen und stillen

Wenn das Klavier sich dann abwendet
Hält der Schlussakkord den Atem an

Da capo?

Bruckner

Wenn die Pegel steigen
Wenn die Flüsse die Fassung verlieren
Wenn wieder das Frühjahr die Berge
Zu Tal schleift und schindet
Und Himmel und Erde verschwimmen
Zu einem Ostinato der Tage und Nächte füllt
Ist mir Bruckner nah
Als hätte er vorweggenommen was sich
Mit Armen nicht fassen lässt
Der Regen kommt den Tränen zuvor

Musik

Sie nimmt mich auf
Die Verhöre der Abschiede
Der täglichen Tode
Die hinaufziehen bis zur Kehle
Verwandt mit dem Cello
Das die Worte vorwegnimmt
Wie gebietender Blick
Bleibe ich wundmoll

Tango

Ja
Das ist die argentinische Republik
Sie fegt alle Grenzen weg mit Feuer
Und Geschwindigkeit
De mi Badoneon
Die Drehungen werfen Glocken
Aus den Röcken
Pechschwarz

Inspiracón
Verweigerung und Erfüllung
Zurück und hinweg
Beine blitzen
Und ersterben
Eleganz die Münder öffnet
Finalisierte Freude
Ojos tristes
Oh ja

Musizieren

Mit himmelsglitzernden Poren öffnet
Sich das Beduinenzelt dem wenigen Wind
Den erst die Dämmerung anlandet

Wenn einmal Regen fällt aus vergessenen Wolken
Zieht sich das Jutedach zusammen und hält dicht
Für die Zisternen draußen

Am Feuer nimmt der Scheich die Rababa
Ihr Körper kreisrund
Ziegenhaut spannt sich übern Trichter
So streicht er über die Saite die ihm folgt

Harfen

Nichts überlebt die Liebe, die Wehmut, sie zu überleben ausgenommen.
Eine Wehmut, geweitet durch die Liebe zur Musik.
E. M. Cioran

Brahms wusste es
Und schrieb die Alt-Rhapsodie op. 53
Entlang Goethes Harzreise im Winter

Schnee öffnet die Poren
Weitet den Blick
Horizont kommt ihm entgegen

Schlaf wirft Schleier
Über die tausend Quellen
Die hinabsinken ins Innere

Nur so ist das Verstummen
Erträglich das ohne Worte
In Klängen aufgeht die

Wiegen und wachen
Wie Gräser in den Dünen
Den geduldigen Harfen

Harfenistin

Vor dem Konzert
Noch allein im Halbrund der Pulte und Stühle
Stimmt sie ihre Harfe
Eine Wolke

Immer höher bis zur Quelle
Wo die letzten Töne sich auflösen

Die Pauken neben ihr stumme Monde
Der Flügel weist schwarz alle Fragen ab
Die roten Sessel kommen in Bewegung
Als vom Foyer die Schumann-Fanfare
Der Rheinischen herüberbläst

Dann lässt sie ab
Als wollte sie
Ihr Haar lösen

Zwei Jacketts streichen grau
Über die Lehnen

Langsam legten sie ab

Das Konzert

Sie legt sie auf die Schenkel
Sie ist ein Kind
Sie hört sich zu
Sie will den Klang der einen Saite
Sie schafft keine Akkorde mehr
Sie legt die linke Hand um den Griff
Sie sucht die beste Lage
Sie will es noch einmal hören
Sie hört ihn schon bevor er anklingt
Sie ist nah am Meer
Sie senkt den Kopf an den Körper
Sie weiß wo er traurig weht
Sie weiß wo er sich aufbäumt
Sie lächelt schon voraus
Sie hat schmale Lippen
Sie hat graue Strähnen
Sie verdeckt sich mit dem einen Ton
Sie hört alle vergangenen Melodien in ihm
Sie kennt Picassos Alten der blau die Gitarre spielt
Sie ist seine Schwester
Sie spielt dem Tod zuliebe
Sie spielt sich ein Ständchen
Sie spielt sich aus und ein
Sie ist glücklich
Sie ist nicht allein
Sie wiegt die vergangenen Lieben
Sie wärmt sie auf den müden Schenkeln
Sie wartet wie sie immer wartet
Auf die Musik in dem einen Ton in dem alles mündet

Auch

Auch Töne vergessen manchmal ihre Farben
Das gelbe F vertauscht sich mit a-Moll

So wie auch Namen sich verhören
Und nicht mehr wissen wohin zu wem sie gehören

Im Abend der durch graue Klänge geht
Bis er im blauen Mantel am Geländer steht

Und zögert ob sich in der Wasserpartitur
Ein Notenbündel wandelt in ein fließendes A-Dur

Das grundlos aufgeht in Klang und Ende
In Alphabet und Not der Hände

Parkschaden

Sie warten in sieben Etagen
Im Bergwerk unterm Rhein
Auf die Rückkehr der Besucher

Verwandelt und verwundet von
Klängen und Schlägen
Franz Liszt verstarb symphonisch

Weiße Linien im blauen Lack
Noch sprachlos beim Ausparken
Ritzen die letzten Takte ein

Die Scheinwerfer drängen nach
Oben wie Entkommene wie Töne
Die die Ausfahrt suchen

Seit Stunden

1

Es regnet in den Orchestergraben
Seit Stunden
Gleich ist er voll
Dann nehmen wir uns ein Instrument
Und überschwemmen
Uns mit Freude
Die Partitur schwimmt hinterher

2

An Gräbern weinen wir uns entgegen
Die Worte betrauen die Sprache
Die Lippen fangen von vorn an

3

Das Verlieren ist eine Lupe um zu finden
Je tiefer desto größer

4

Gott ist Liebe
Gebieterin über Furcht und Freude

5

Einschlafen ohne auf das Einschlafen zu warten
Sich den Geräuschen unterm Dach überlassen

Wie Tauben die ihren Kopf unter die Flügel betten
So hören sie den Flug

6

Machen Sie wieder einen Menschen aus mir
Sagte er auf dem Frisörstuhl nebenan
Und was sage ich
Der Spiegel wittert mich schon

7

Träumen ist stricken mit weicher Wolle
Die sich die Pullover vorstellen kann
Und die Wärme darunter

8

Mein Laptop nimmt mich mit
In undurchdringliche Ferne
Aufgeklappt
Ein ratloser Mund
Eine Muschel ohne Meer

9

Die Klage wird den Antrag ins Ziel bringen
Das Gericht kann nicht anders
Doch das Urteil wird verletzten
Alle

10
Immer wieder wasche ich das Auto
Oder lasse es waschen
Dann streiche ich die zurückgebliebenen Wasserstraßen
Vom Lack
Jetzt kann der Fahrtwind gleiten rauschen weinen
Wir sind eins

11
Lieben ist leben ohne Grund

12
Das Buch der Unruhe
Des Hilfsbuchhalters Bernardo Soares
Von Fernando Pessoa
Macht mich zum Nothelfer
Als könnte ich zu Ende dichten was liegen blieb
Nie komme ich ans Ende
Schreiben ist anfangen gegen alle Vernunft

13
Dichten aber nicht verdichten
Zwischenräume schaffen
Damit die Tulpen hinauswachsen können aus dem
Vasenverlies
So atmen wir Farben

Wir hätten

Wir haben nicht nur einmal
Die Eroberung von Kassel geübt
Utz Rachowski dichtet nicht
Er war Gefreiter der NVA

Ich stand ihm gegenüber
1970 in Osterode am Harz
Marder hießen die Schützenpanzer
Für die Abiturienten aus Niedersachen
Rheinland und Westfalen

In zehn Minuten sind DDR-Flieger über uns
Hörten wir täglich
Ein Satz den keiner glauben wollte
Ein Sprengsatz für den Diskurs zu Hause

Ausrasiert war der Wald durch den Harz
Einen Kilometer breit und lang bis zum Ende des Auges
Der Aussichtsturm in Clausthal-Zellerfeld
Ein Übersetzer stummer Meldungen

Kassel also das Ziel
Das keiner wahrhaben wollte
Wir hätten geschossen
Er und ich

Das Mündungsfeuer der Bordmaschinenkanonen
Hätte die Angst weggerissen die Nacht erhellt
Mit gelbem Stakkato
Das Adrenalin des Todes

777

Flugpassagiere sterben nicht
Sie fliegen nur höher

Am Straßenrand von Hilversum will
Ein Zettel
Dass Gott öffnet und fortsetzt
Die Ankunft die nicht stirbt

Niederlande Niederlage Niederrungen
Die wiederfinden wollen
Was aus dem Körper der 777
Angekommen ist

Die Zuordnung der Namen gelingt nicht
Mehr
Vor der Sankt Vitus Kirche

Die Plüschtiere auf den Stufen sind Piloten
Kleine Prinzen die bleiben
Bei der Ankunft der Schmerzwagen

Weißensee

Der Eingang bittet mich
Die Kippa aufzusetzen
Bevor ich durch die Stadt gehe
Durch die Wohnungen die lieblich
Sich verbinden verschwinden
Im Verfallen Sprache finden
Die nur ihnen gehört
Die nur sie verstehen:
Dornbuschschattige Rufe

Oben in Flugnähe der leisen Winde
Siedeln die Habichte
In Nestern aus Gold
Ihre Jungen werfen Lichtscherben
Auf die Wurzeln von
Buchen und Namen

Sie wandern nächtelang
Über Wege und Sätze
Und vertauschen die Schilder
Die zum Auffinden führen sollen

Dein Schritt entlang an
Herbstdeutschen Namen
Von Weißensee
Ist ein Stein
Den Du allen setzt

Und mir

Volkstrauer

Kreuze schneien das Feld ein
Das oben und unten verbindet
Nadeln besticken die Augen
Mit Morsezeichen
Die weiter klopfen
Die im Sendekreis bleiben

Abheben

Komm
Wir telefonieren ohne Vorwahl
Ohne Nummern
Ohne abweisendes Besetztstakkato
Ohne digitale Endlosschleifen
Ohne uns
Nehmen wir Gedichte
Sie hören zu
Sind nah und warm
Sie lesen vor und lassen los
Und geben uns nicht auf
Wenn die Worte zum Stillstand kommen
Oder zu Schwertern werden
Komm ruf an

Arche Noah

Arche Noah ohne Land in Sicht
Trunkenes Schiff
Das den Gipfel sucht der stranden lässt
Noch warten wir auf die Meldung des Kiels

Ab dem vierten Monat beginnt das Hören
Der Ungeborenen
Im Wasser das trägt
Es hört niemals auf

Das Wind-Wort *zugehörig*
Der Nachbar des Stempels *vernehmen*
Aufdruck auf Welt und Tod
Abschied und Ankunft

Kopfhörer bleiben wir
Im inneren Exil
Es geht mit uns bis
Der Logos uns herausruft

Mein Vers das Königreich
Das mich erobert und Zuflucht gibt
Den Wort-Asylanten ohne Pass und Koffer
Ich halt es offen für Dich

Mein Gedicht

Mein Gedicht
Meine eigenen vier Wände
Sie vertrauen mir
Ich vertraue ihnen

Sie nehmen mich auf
Wenn ich mich in mich
Zurückziehen will
Auffindbar von niemandem

Die vier Himmelsrichtungen
Sind hier ununterscheidbar
Erhalten und behalten
Luft und Liebe

Unsichtbar wie die Sprache
Meine zarte Komplizin
Die wach bleibt wenn die Worte
Mich vergessen mich aussetzen

Sie erfindet sich für mich neu
Wenn die Augen nachlassen und
Sich verbinden mit den Wänden
Die nach draußen wollen

Poesie

Pfingsten ist Poesie
Alle Sprachen verbrennen
Kein Wort ist vergeblich
Alle Silben gehen auf in Rauch
Wir erkennen uns ohne Sätze
Denn Gott ist der Dichter
Der den Sprachen die Grenzen nimmt
Die Endlichkeit verblasst
Auf unserer Stirn
Die Himmel ist

Schreiben

Nicht aus dem Papier fallen
Das mich doch immer wieder auffängt und hält
Das den Arm um mich legt und mir Worte
Zuflüstert die ich nicht verstehe und
Dennoch aufschreibe

Auf diesem Floß bleiben und der Strömung
Vertrauen dem Gleichmaß
Der ziehenden Bewegung hinab
In eine ferne Mündung von der ich nichts weiß
Und doch alles vermute

Salz schmirgelt das Blatt raut es auf
So halte ich mich länger und suche festen Stand
Um mich über Wasser zu halten

Weiß

Du machst es mir weiß
Das Papier das ferne Land

Es sperrt sich und will nicht die
Bleischweren Sätze

Das Blatt will Engel sein und
Sich aufschwingen ins Überall

So werden Gedichte unnütz
Da sie schon da sind

Wenn wir uns suchen
Und stumm bleiben können

Tomis

Wir begraben
Alle Gedichte
Die Verse
Von Meeren und Winden
Von den Herzenstraurigkeiten der Amseln
Die den Morgenvorhang übers Dach heben

Wir werfen Blumen hinab
Blüten in reifem Lächeln und voller Samen
So fliegen sie ins Innere der Erde
Und verbinden sich mit den ungeschriebenen Silben

Mit den unauffindbaren
Mit den unausgesprochenen
Wo das Süßwasser der Donau
Das Schwarze Meer besingt

Die Flüsse dichten besser

Wie sollte ich

Der schönste Satz
Denn er ist nicht zu Ende
Er lässt offen
Schließt alle Verben ein
Die sich dem *sollte* anschmiegen könnten
Der vollendete Nicht-Satz
Der ausspart nicht ausspäht
Der mit einer Frage
Alle Antworten gibt
Die ruhig machen
Und frei lassen
Die nicht belehren
Sondern sich trollen
Ohne fürchten zu müssen
Es bliebe etwas ungesagt

Karl Dedecius

Am seidenen Faden perlt er die Worte auf
Die ihm aus den Städten und Dörfern zwischen den
Polen
Von den Zäunen und U-Bahnschächten
Den Straßenbahnen Zügen und Taxis
Von Kindergärten und Altenheimen
Von den Verlassenen und Verzweifelten
Aus den lieblichen Wohnungen der Verliebten
Und von den harten Pritschen der Gefängnisse
Zugeschickt werden zugerufen und gemailt
Die als Kassiber zu ihm gelangen oder
Als Flaschenpost ohne Hoffnung
Als Taube und Drohne als Wolke und Regen

Um sich ihnen anzuverwandeln
Um in ihnen aufzugehen und sicher zu sein
Um die Klänge und Bedeutungen neu zu komponieren
In einer Sprache die seine ist und doch die aller
Weil er die Dichter kennt und die Dichtungen
Hinter und über den Texturen
Des Todes und der Freude
Weil auch er ein Dichter ist der weiß
Dass jeder der Gedichte schreibt
Die Menschen liebt
Mit den Sonden der Wahrheit die
Die Welt zusammennäht um eine neue zu erfinden
In einem Vers

Suchbild

Mit der Lupe müsse er lesen
Milchig seien die Augen nun
Er erfasse die Worte nicht mehr
Nur Buchstaben

Eine langsame Suche
Von Stern zu Stern
Zum Anfang hin bis zum
Sprachlosen Laut

Du

Du erfindest steuerst und färbst
Die Worte neu
Wie Sonnenblumen die sich nicht
Beugen die in sich sind

Und immer wieder den Mittag
Hochwerfen vervielfachen entzünden
Ihn zerstäuben und dem Flug der Bienen
Positionssignale geben

Wie Küsse die unsichtbar machen und
So orientieren
Die verschließen und öffnen zeitgleich
Rettungsschirme mit vierfacher Sicherung

Unter Tage

Die Nacht ist vorgedrungen
Im Bergwerk Wortlos
Stollen um Stollen treiben die Hämmer
An den Schläfen ins Gestirn

Die Leitungen führen zum Licht
An Wänden und Geröll
Es flackert aber bleibt wie auch am Helm
Der Tag ist nicht mehr fern

Mit den Augen

Mit den Augen
Mit dem Blau der Augen
Die Ebbe und Flut bändigen
Mit der Pupille
Dem schwarzen Meer
Das sich öffnet wenn Dämmerung die Mauern umarmt
Mit den Entfernungen die aus den Augen fallen
Mit den Nähen die sie einweben
Und mit dem Gleichmaß
Der Bienen den unermüdlichen Botschafterinnen

Hole ich Dir zurück
Was auf den Grund gesunken ist
Was unauffindbar und doch schimmert
Was klingt ohne Tonart
Was füllt ohne Glas
Was die Winde entfacht und trägt
Was unsichtbar ist wie eine Geheimschrift
Die keine Worte braucht und auf das Blau setzt
Das über uns ist

Bleiben

Ohne Ariadnes Faden in der Hand
Alterst Du nicht und bleibst am Ufer um
Schiffbrüchige Worte zu retten von Karneades Balken
Entflohene der Gefangeneninsel Schweigen

Dach

Wir schindeln uns ein Dach
Aus Flüstern

So liegen wir leicht und wach
Und verheimlichen das Sterben

Es kann nichts sehen
Es kann nur hören und
Uns mit uns verbergen

Mondin

Fern und so vor Augen
Die wir aussenden hinauf bis ans kalte Gestein
Es erwidert uns auch nach Mitternacht

Neue Messungen wissen nun endlich
Dass es keine aussichtslose Lichtboje ist
Die an uns festmachen will sondern

Lebensrettende Anziehung die
Die Schrägachse der Erde stabilisiert
Ihr Drehen besänftigt und tröstet

Ohne sie würden wir Halt verlieren
Verlöschen und hinausgeschleudert
In den Eisstaub der Sterne

Wie wohnlich nun die Stunden
Und nachbarlich wenn der Winter
Gestein abwirft aus seinen Schluchten

Ich

Wir schießen es ab
Auf die Umlaufbahn
Der Kondensstreifen beweist den Flug

Das All im anderen
Eine Benutzeroberfläche mit kühlem Licht
Unhörbar die Anschläge

Wir verschwinden mit der Escape-Taste
Um aufzutauchen auf Robinsons Insel
Die auf Strandgut setzt

2.0 Du
Die auffindbare Zelle die es geben muss
Allgegenwärtig

Der Augenblick ist mein

Mit einem Bild halten wir sie an
Die Zeit
Weil nur Bilder Einhalt gebieten

Im Augenblick im
Blick der Augen
Im Sehen und Gesehenwerden
Nicht im Moment
Im trüben Erbwort aus dem Latein

Was kann noch blicken
Außer dem Auge

Nichts

Eine verwirrende Doppelung
Ein Lasso das fesselt
Ein bis drei Sekunden

Der Kontinent der alle sammelt
Die Sprache die alle einschließt
Das Staunen das verwandelt und stillt
Der Besitz der entsteht und zerfällt der nur so
Lieben und Leben zusammenfügt

Spring

Spring
Spring aus dem Bild
Das Dich zeichnet färbt und hält
Es weiß mehr als Du
Kennt die Geschwindigkeit davor und danach
Die Vor- und Rückseite und die Zwischenräume
Die sich nicht füllen lassen
Sie sind die Welt die Dir zufällt
Die Dich hebt und zusammenwebt mit
Trakiens Gesängen und den Wolken
Den geduldigen Engeln

Spring
Spring aus dem Bild
Das Du in Dir zeichnest in Nächten
Die nicht enden wollen und den Flüssen
Die Ufer nehmen und
Den Dünen an Flanderns Meer die harfenen Gräser

Alle Straßen klingen a-Moll
Sie nehmen Dich auf
Jeden Morgen strecken sie sich wie
Geparden
Noch schlafglänzend
Sie strecken sich aus nach Dir

Spring ihnen entgegen

Die Hände

Blind bin ich geworden
So sehe ich

Mit den Händen mit den Fingern
Den fünf Kontinenten

Mit den Kuppen den Aussichtstürmen
Mit den Enden des Daseins

Sie sind meine Kundschafter
Meine Vertrauten und Zurufer

Sie erfahren alles auf den Wegen
Auf die ich sie schicke

Sie hören alles weil sie die Sinne
Den Poren öffnen den Weltempfängern

Sie sind auch den Düften nah und nehmen
Sich Abdrücke von Linden und Lust

Um mir die Lippen zu vernebeln
Mit weichem Tau bis sie glänzen

Sie sehen die Abenddünen
Die sich ans Fenster lehnen

Und sehen wie der Mond
Sich sichelt und vergisst

Und so sprechen sie auch
Denn sie sind gute Übersetzer

Was sie berühren
Ist ein Vers der fliegt und wärmt

Sanft setzen sie die Syntax neu zusammen
Denn sie lassen sich dirigieren

Von den Ebenen den Unmöglichkeiten
Den Winden über Rosenfeldern

So wird aus Blindland ein Eiland
Das abstößt von Land und nicht strandet

Zoom

Haar das übers Kissen fließt
Haar das den Regen beginnt
Haar das a-Moll fleht

Hand die nichts ausspricht
Hand die Luft lächelt
Hand die Länder erfindet

Tisch der weiß schweigt
Tisch der Gläser vergisst
Tisch der Stühle anstarrt

Mund der schwingt
Mund der klingt
Mund der nimmt

Hand die wandert
Hand die hält
Hand die fliegt

Haar das schwingt
Haar das schwimmt
Haar das nimmt

Es

Ich glaube es nicht
Aber was ist es:

Die Landschaften die sich verschließen
Mit schläfrigem Kauern und doch
Den Augenblick suchen das Seil zu passieren
Das dann auch die Sonne einfängt

Die Kissen die mitnehmen aufs Meer
In die Nachbarschaft der cellowarmen Klagen der Wale
In die unterseeischen Besitzungen der Muscheln
Die den Sandboden abhören mit lautloser Geduld

Was ist es was die Schatten erleuchtet
Die Namen bewohnt und den Flüssen die Ufer nimmt

Unbemerkt

Wir gehen und bleiben doch
Sind verschwunden und
Doch im Blick
Wir sind aus dem Fenster gefallen
Und wurden doch aufgefangen
Wir haben die Pässe vertauscht
Und sind doch identifiziert
Vom anderen
Der Sicherheitscheck an den Flughäfen
Bemerkt nichts
Wir haben die Sprengladungen an Bord gebracht
Du in der linken
Ich in der rechten
Herzkammer

Zeit

Jetzt ist die Zeit gekommen
Ach, kann sie denn kommen ist sie nicht
Immer da immer nah trägt und füllt
Verletzt und treibt mich

Ich träume auf
Lasse sein was mich nicht lässt
Rolle die Segel ein
Wende mich ab vom Strand und vom Blick
Aufs blinkende Messer Horizont

Die Muscheln knirschen unter den Sohlen
Schon lange gestrandet
Und aufgehend im Sand
Immer kleiner werden sie
Wellen streicheln sie zu den Dünen

Sprechen

Auf Millimeterpapier gebe ich Antworten
Will nichts versäumen nichts auslassen
Alles genau berechnen und zeichnen
Die Fieberkurven unserer Sätze
Die Tangenten unsere Stillworte
Die am Blick festgeschnallten Sprengsätze
Sie unterscheiden nicht zwischen da und dort
Heute und morgen
Sie kennen uns aber
Auf Millimeter reduzieren wir uns
Auf die erdbraune Fläche die nur den
Schwarzen Stift aufnimmt
Der auf den Verbindungslinien ermüdet
Und im Watt der Unruhe versinkt

Im Anfang

Im Anfang war der Geist

Denn er umschließt uns
Erfindet erleuchtet erfüllt
Was zur Sprache drängt
Und was sich ihr verweigert

So wie die Gegenwart
Sie stillt die Bewegung
Ummundet den Tod
Der aufgibt und weicht

Wenn im Augenblick
Die Möwe Geduld
Mit spitzen Schreien
In den Wolken liegt

Mit ausgebreiteten Flügeln
Regungslos und sicher
Im Luftstrom der den Entfernungen
Das Maß nimmt und die Landung vergisst

Schmerz

Das ist das wirkliche Königreich
Die feste Burg
Der Blick ins Land
Der Hoheitsraum und
Das unverlierbare Eigentum

Der Schmerz der bittersüße Aufenthalt
Das Unrecht das gekommen
Gebracht von den anderen über die
Horizonte des Unverstands
Der Sprachlosigkeit und der niederen Gründe

Diese Burg fällt nicht
Sie ist der letzte Schatz
Der verteidigt wird mit allen Kräften
Alle Türme sind mit Vorwurf gut besetzt
Sie bewachen Tag und Nacht

Die Tore werden nicht geöffnet
So bleibst Du sicher
Auch wenn die Mauern brennen
Die Dächer ins Innere stürzen
Und auch das Wasser versiegt

Hochamt

Macht's wie Gott
Werdet Mensch
Sagte Bischof Kamphaus
Alt geworden in Limburg
Denn Weihnachten war nah

I am God
Schrieb sich eine Neunzehnjährige
Über ihre nackten Brüste
Sprang in der Weihnachtsmesse
Des Hohen Doms zu Köln auf den Altar
Und breitete Arme und Beine aus

Kardinal Meisner schloss sie ein
In Gebet und Segen
Der Rhein hatte noch
Adventshochwasser

Ich bin der König der Juden
Stand auf dem Kreuz von
Jesus
Ebenbild der Menschen

Mein

Ich habe Dich bei Deinem Namen gerufen
Du bist mein

Gott ist ein zärtlicher Dichter
Der sich durch Worte erschafft
Er ruft nicht Städte Berge Meer und Wolken
Nicht Savannen und Täler
Nicht Vögel im Flug
Nicht den Tanz der Geparden und Gnus
Nicht Klänge und Klagen nicht
Warten und Schweigen

Er ruft nur einen Namen
Um zu erlösen
Sich und uns

Dich

Psalm

Wenn der liebe Gott
Der Liebe Gott ist
Sind wir mundlos glücklich
Wenn wir die Augen schließen

Wenn wir uns bewohnen
Bleibt uns lebenslänglich der Heimvorteil
Den wir teilen können
Wie Brot und Wein

Wenn die Konditionalsätze aufgeben
Sind die Worte gelandet
Im unauffindbaren Exil
Möbliert mit Momenten

Überhören

Mein Engel gehört mir
Mein Ende gehört mir
Mein
Mir
Gehören
Höre ich mich
Meinen Engel
Mein Ende

Schon jetzt
Immer

Alle Flüsse

Alle Flüsse sind Landebahnen
Für Engel
Geaderte Zukunftszeichen unter uns
Wenn wir abheben und der Schub
Der Turbinen in die Sessel drückt
Sie nehmen Angst und Glück

Dann beim ersten Neigen der Flügel
Um den Kurs zu erreichen
Der Blick aufs verlassene Grün
Von Silberwegen durchzogen
Gekrümmtes Suchen meerwärts
Auffindbar nur von Engeln

Die im Blindflug zu Hause sind

Engel

Die Leitplanke links neben mir
Ein Engelsflügel
Mir immer voraus
Auf der Überholspur uneinholbar

Im sechsten Gang das Gaspedal zerdrückt
Die Insekten können nicht ausweichen
Und stürzen sich in die weiße Schrift der
Windschutzscheibe die hält und zischt

Sonntags im Abblendlicht einer Autobahnkapelle
Die vorbeifliegt und im Rückspiegel landet
Wollen die Engel nicht von meiner Seite

Ich schau nicht herüber denn ich weiß
Dass sie behüten bis ans Ende
Zu dem sie immer neue Anfänge setzen

Komm

Schlaf
Der Engel der zu Dir hält

Den Birken hat er grüne Herzen
Ins Gezweig geweht
Die er aus den Abendschatten schnitt

Wenn sie mit ihren Propellern
Den Wind bewegen
Schließe die Lider
Um die Pupillen zu schützen

So bist Du so sicher und lautlos
Wie sein Anflug
Im Gelbstaub der Samen

Er hält zu Dir

Dasein

Juristen lernen beim Definieren was Diebstahl ist:
Das Insichbringen die intensivste Form des
Ansichbringens

Und so ist der Tod
Er nimmt an sich
Ganz eins mit dem Leben

Er schafft Abwesenheit
Und dadurch zugleich warme Präsenz
In allem was zurückblieb

Der Tisch das Bett
Die Uhr die Wand
Alle sind mehr anwesend als vorher

Die Straßen die Fahrten
Durch Städte und Berge
Das nächtliche Kauern an Tankstellen und in Staus

Die Steine applaudieren dem Licht
Das aus dem Morgen kommt
Schatten

Nehmen an die Hand
Leise Vertraute die weitersprechen
Weitergehen und den Weg öffnen

Mitten

Überall
Auch hier wo Du stehst
Mich ansiehst wegschaust
Oder hinabsteigst in Dein inneres Bild

Wir bewohnen den Tod

Mit Leben
Mit Lebenspixeln die beatmen zerstören und wieder
Zusammensetzen

Wohin soll ich mich wenden
Singt uns Schubert an
Der Klänge aufsetzen wollte auf den dunklen Mantel
Um ihn eine Weile wärmen zu lassen

Mitten im Leben sind wir vom Tod umgeben
Dichtet Luther der Flüchtling
Dem auch Worte nicht Halt gaben

Komm wir besiedeln den Tod mit Atemperlen
Verlächeln ihn schmücken ihn
Mit uns
Die wissen wie Landzungen gebildet werden
In den Meeren vor Feuerland Alexandria und Ostende

Geh besser mal

Kurz nach fünf
Die Bundesligaergebnisse im Radio
Punkteteilung in Dortmund
Lange Gesichter auf Schalke ansonsten
Nur Siege der Heimmannschaften

Als sich die Klammer aufs Herz legte
Zugriff und in die Rippenbogen drückte
Und den Nachmittag verkrümmte
Der grau anlief zu kaltem Stahl

Geh besser gleich meinte die Tochter
Das Auto ein Herzschrittmacher

Ambulanz Notaufnahme
Röntgen sogleich und dann das EKG
Das mich aufschrieb in langen Zeilen
Durch die Felder durch die Höhen
Zum Bleiben zum Hierbleiben zur Beobachtung
Zur reinen Routine zum Ausschließen

Ich liege auf Zimmer 519
Zweibett
Am Fenster er
Umwickelte Beine wegen Thrombose aber
Die Chemo begänne erst nächste Woche
Jetzt solle er viel trinken aber wie
Und schlafen könne er auch nicht

Daneben mein weißes Lager
Von dessen Ende mich die Füße ansehen
Eine Wasserflasche salutiert
Das Handy hat kein Netz
Die Nachtschwester nimmt die Wände unter den Kittel
Und geht

Auf den Flur zurück
Ins Revier der eiligen Schritte
Sie gelten nicht mir
Noch nicht

Nachtwache

Wenn Du Dich dem Schlaf überlässt
Dem alterslosen Geliebten
Streicht das Atmen alle Worte aus
Leergewohnte Psalmen
Gestrandete Sätze und Sorgen
Ausgebliebene Bekenntnisse
Und auch die stillen Tode
Die ihr Ziel verfehlten

Wenn Dich der Schlaf nimmt
Gehst Du nicht sondern bleibst aufgehoben
Von meinen Augen
Die sich erst dann schließen
Wenn Du sicher festgemacht hast
An der Stelle wo das Verstehen
Nicht mehr notwendig ist und uns löst

Organspende

Nicht die Augen
Die nicht
Aus ihnen will ich weiter sehen
Und Sterne aufsteigen lassen
Mich mit allem verbinden was erreichbar bleibt
Nachdem das Salz getrocknet ist

Lasst sie mir
Alle anderen gebe ich gerne
Zum Weiterleben der anderen
Um deren Atmen zu füllen
Aber der Augen Blicke lasst mir

Ins All
Gegenwärtige das erhält
Und mich behütet
Wie die Engel auf meinen Wegen
Die sich nicht abwenden

Häng mich nicht ab

1
Regen
Der Generalüberwältiger
Zerschlägt die Dächer und schiefert sie mit
Schwarzem Atem

Ein Internet
Unausweichlich und verfügbare Droge
Die verbindet und aussperrt

2
Enttäuschung nimmt die Täuschung
Aus dem Blick
Endlich voraus
Überall Meer

3
Wenn Gott in mir
Ausbricht
Werd ich gesund
Und wir setzen uns an den Tisch
Stirnseite zu Stirnseite

4
Ich
Ein Kunstbegriff
Im Du
Kann er sich auflösen

5
Ichlos
Was für ein Glück

6
Gott ist keine Frage
Keine Antwort
Ist Poesie
Die offene Hand

7
Der Tod liebt uns
Das Leben ab

8
Datenverlust
Welch ein Segen
Ich kann neu beginnen
Komm

Ich nehm Dich mit
Du bist die Datei die alle ausschließt
Bis auf eine

9
Sag mir nicht
Wenn Vollmond ist
Sonst verbrennt mein Schlaf mir
Unter den Träumen

10
Option: Speichern
Zum Lufttrocknen auf Wolkenrouten
Häng mich nicht ab

Evangelischer Friedhof Volberg in Hoffnungsthal

für Walter Hinck

Ich lasse Euch nun allein
Mit den Toten
Ihr wollt ja mit ihnen sprechen
Und für sie beten

Bleib nur
Sagte er
Wir sind evangelisch
Da ist mit dem Tod schon
Alles entschieden

Aber genau deshalb
Ist mir das Katholische so nah
Seine poetische Öffnung zum Gebet
Das etwas bewirken soll
Und die Fernen
Innig ins Wort nimmt

Das Himmel bereitet
Und zurückführt zum Anfang

Nach der Zeitungslektüre am Morgen

Wen soll ich benachrichtigen
Wen anrufen
Wem nichts sagen
Wo willst Du liegen
Was sollen wir sagen
Was verschweigen

Und welchen Gedichten sollen wir zuhören
Welchem Adagio in a-Moll
Und in uns

Wer wird mit uns zurückkehren
Ins Haus das dann keines mehr ist
In die Kinderwelten entlang der Blumen an der Garage
In die Wärme die immer am Tisch saß
In die ausgestreckte Hand überm Kaffee
In den Abschied zur Rückkehr

Ich hab mein Grab in der Hoffnung
Das war doch Dein Satz

Ghasel

Du bist der Spiegel in den der See sich webt
Du bist der Nebel der den Morgen hebt

Das Hier-Exil das stillt und kämmt
Das Verstummen das die Augen hebt

Die Hast der Schwalben die Dir Figuren zirkeln
In das Versternen das im Wasser lebt

Du bist des Schönen Lieblingswort
In dem das Bleiben eintaucht und vergeht

Dehnen

Des Schlafes Schwester ist nicht der Tod
Es ist das innere Leben das sich dehnt

Und windet nach den ungeschriebenen Sätzen
Nach den nicht gefassten Bildern

Nach dem Verstummen das zudeckt und
Verweht in Schönheit

Des Schlafes Schwester
Die bleibt und summt

Choral

Wer nur den Lieben Gott lässt walten
Wer nur den Lieben Gott lässt
Wer nur den Lieben Gott
Wer nur den Lieben
Wer nur den Liebenden
Wer nur den liebenden Gott lässt
Wer nur den Liebenden Gott lässt
Wer nur lässt
Wer nur Gott lieben lässt
Wer nur lässt
Zulässt

Spürt dass er auf keinen Sand gebaut
Dass die Meere die Strände umarmen

Inhalt

I Trötentaumel

II Lackieren

III Tansania Tangenten

IV Wer nur...